体育运动项目技能与训练研究

李亚红　高波　丁怡　著

中国商业出版社

图书在版编目（CIP）数据

体育运动项目技能与训练研究 / 李亚红，高波，丁怡著. -- 北京：中国商业出版社，2024. 10. -- ISBN 978-7-5208-3197-0

Ⅰ. G808.1

中国国家版本馆 CIP 数据核字第 2024TZ5974 号

责任编辑：石胜利
策划编辑：王　彦

中国商业出版社出版发行
（www.zgsycb.com 100053 北京广安门内报国寺 1 号）
总编室：010-63180647　编辑室：010-63033100
发行部：010-83120835/8286
新华书店经销
三河市天润建兴印务有限公司印刷

*

787 毫米 × 1092 毫米　16 开　11.5 印张　260 千字
2024 年 10 月第 1 版　2024 年 10 月第 1 次印刷
定价：78.00 元

* * * *

（如有印装质量问题可更换）

前 言

体育运动技能训练强调的是提升学生的运动技能水平，为学生构建完善的体育学习知识体系。但是，在体育运动技能训练过程中，学生容易产生情绪波动，从生物学的角度分析，这主要是由于学生在运动过程中，大脑皮质产生随意性运动，并且从运动感知阶段开始逐步过渡到以肌肉的效应为终点，实现一种连续反射，感觉神经系统刺激大脑皮层，进而形成运动神经支配骨骼肌运动的过程。因此在体育运动技能训练中，学生情绪的产生是随机的，一般表现为焦虑、愤怒、恐惧或者愉快等，此类情绪产生的本质也是由于学生个体对体育运动技能训练认知程度不足导致的。而体育运动技能训练的开展是一种游戏化体育运动模式，目的是让学生在体育运动技能训练的过程中，能够不断地感受快乐，放松心情，增加互动体验感。从当前体育技能教学现状来看，学生对体育运动技能训练的完成度越好、完成质量越高，越能获取到成功经验，释放不良情绪。

自信心和自尊心的树立是学生身心健康发展的重要标志，因此在体育运动技能训练过程中，应结合学生的学习兴趣和学习能力，选择适合他们自己的运动形式，同时要突出各自的运动特长，不断地收获自信心和自尊心。此外，随着自身运动技能和运动水平的不断提升，大学生对体育运动技能的掌握程度不断增加，并且不断地开展自我激励，这对于提升学生自信心和自尊心也具有明显的促进作用。

体育运动技能训练中，学生首要具备的是坚强的意志力，让学生在体育运动技能训练中直面困难和挫折，并勇于面对、敢于解决。例如，在体育运动技能训练过程中，学生既要面对外界环境影响，如雷雨天气、场地条件、器材设备是否完善等，又要克服自身身体机能承受能力，如肌肉的酸痛、缺氧等现象，这些都是体育运动技能训练中需要不断磨炼、不断克服和战胜的核心问题。又如，体育运动技能训练，往往运动量较大，因此会导致学生在参与训练的过程中产生厌倦心理，长此以往，会形成一种恶性循环，对学生的心理健康会造成较大的影响，更加严重的情况下，会导致和诱发心理疾病。这也需要学生努力克制自己，正视训练量增加后导致的不良情绪，尽可能地自我排解，为培养自身良好意志力创造更多的条件。

在体育运动技能训练过程中，学生与学生之间的交往、学生与教师之间的交往主要以肢体语言为主，弱化了口语表达交往。在体育运动技能训练过程中可借助游戏化教学，让人与人的交往变得更加直接、高效，这容易产生一种亲和感，能够有效地摆脱人与人社会交往过程中的利益性。在传统体育运动技能训练思维中，更多的是体育运动技能训练对促进学生身体健康的积极影响，而忽视了体育运动技能训练对学生心理健康的影响，实际上，通过体育运动技能训练，不仅能够让学生认清自己和肯定自己，还能教会学生与人正确的交往和相处方式，建立起良好的沟通氛围。其中，在具体的训练设计中，要在课堂训练中建立一种良好的社会活动互动氛围，在增强学生社会适应能力的基础上，培养学生良好的体育运动技能学习习惯，借助体育运动技能训练给学生提供更多交流互动的机会，促进学生与学生之间的沟通。与其他学科相比，体育运动技能训练过程便于组织相关室外运动活动，同时可开展基于班级、小组、小队等为主体形式的体育课堂活动，这样使得体育运动技能训练过程能始终围绕群体组织，加强人与人之间的交流，扩大社会交往关系，不断增强学生适应社会发展的能力。

体育教师要树立“健康第一，身心合一”的教学理念，在全面推进素质教育过程中，让学生养成良好的体育锻炼习惯，保障学生的心理健康。体育与健康课程教学过程中要以学生身体素质和心理素质为基准，对运动参与、技能提升、身体健康、心理健康和社会适应等方面的教学内容进行科学划分。随着体育新课程教学改革的深入，体育运动技能训练应以促进学生身心健康发展为目标，通过开展高效课堂训练模式，不断提升和促进学生心理健康和谐发展，实现学生身体健康与心理健康的共同进步。

本书由李亚红、高波、丁怡撰写。其中王强、张鹏飞、袁雪真参与了本书的整理和校对工作，在此表示感谢。

目 录

第一章　运动训练概述 …………………………………………………………（1）
第一节　运动训练的内容 ……………………………………………………（1）
第二节　运动的生物和化学理论 ……………………………………………（6）
第三节　运动训练的原则 ……………………………………………………（12）
第四节　运动训练的方法 ……………………………………………………（16）
第五节　运动训练问题及解决方法 …………………………………………（35）
第二章　科学训练 ………………………………………………………………（42）
第一节　科学训练的理念 ……………………………………………………（42）
第二节　体育科学训练的原理 ………………………………………………（44）
第三节　运动训练负荷的科学安排 …………………………………………（51）
第三章　球类运动的技能与训练 ………………………………………………（56）
第一节　足球的技能与训练 …………………………………………………（56）
第二节　排球的技能与训练 …………………………………………………（68）
第三节　篮球的技能与训练 …………………………………………………（94）
第四节　乒乓球的技能与训练 ………………………………………………（99）
第五节　羽毛球的技能与训练 ………………………………………………（103）
第四章　田径和游泳运动的技能与训练 ………………………………………（113）
第一节　田径运动的技能与训练 ……………………………………………（113）
第二节　游泳运动的技能与训练 ……………………………………………（121）
第五章　休闲运动的技能与训练 ………………………………………………（130）
第一节　徒手体操的技能与训练 ……………………………………………（130）
第二节　器械体操的技能与训练 ……………………………………………（138）
第三节　健美操的技能与训练 ………………………………………………（160）
第六章　业余运动项目训练 ……………………………………………………（167）
第一节　业余运动训练的概述 ………………………………………………（167）

第二节　业余运动训练的管理模式 ………………………………………… (170)
第三节　业余运动训练管理的现状与对策……………………………………… (172)
参考文献 ……………………………………………………………………… (176)

第一章　运动训练概述

第一节　运动训练的内容

运动训练的内容主要有身体训练、技术训练、战术训练、智力训练、意志品质教育、心理训练等。

一、身体训练

身体训练是指运动员在教师的指导下，采取的各种科学的训练手段。其主要目的有四个：一是全面增进运动员的身体健康；二是提高运动员身体各部位功能；三是改善运动员体型，改善肌肉类型，以适应专项运动项目；四是全面提高运动员身体素质。由于各项运动技术结构的不同，在掌握和提高运动技术过程中，对运动员的身体素质都有专门的特殊要求。例如，中长跑的专项耐力，短跑的速度和速度耐力，篮球、排球运动的弹跳、快速和灵敏，跳高的腿部力量和弹跳力等等。如果没有这些专项素质，那么要掌握专项技术，提高专项运动成绩是不可能的。因此，教师必须深入研究专项运动的特点及其所需要的专项素质，并针对需要选用适当的专项身体训练的手段，以保证专项素质水平的提高。在大量的测定和数据统计基础上，人们发现在学生的不同年龄阶段，的确有某些素质发展速度最快，对外界因素所施予的影响反应最敏感的时期，这个时期就是身体素质发展敏感期。一般学者认为，速度素质发展敏感期为10～13岁；力量素质发展敏感期为13～17岁；爆发力量素质发展敏感期为12～13岁；耐力素质发展敏感期为10～16岁。在这些时期，如果训练安排、场地、设备等外界条件和遗传等内因条件配合得好，就能促进某一身体素质迅速发展。这就要求体育教师抓住黄金时期，不遗余力地促进学生身体素质的提高，那么在这期间，会收到惊喜。提高身体素质是身体训练的重要内容，主要包括力量素质、耐力素质、速度素质、灵敏素质、柔韧素质的训练。

（一）力量素质

力量素质是指完成动作时身体某部分克服阻力的能力。发展力量素质的练习包括克服外部阻力的练习和克服本身体重的练习。关于力量素质训练的常规做法，不再赘述，这里重点说一下现在比较先进的力量练习方法。在练习过程中，不要单纯去练力量，还要练习全身的协调性，练习神经与肌肉交换的速度。做力量练习时，要使全身肌肉在同一时间被快速拉长，然后快速收缩，不要过分追求次数，重点要追求速率，也就是速度要快。在采用双人、多人负重对抗练习的方法时，人们常用的运动器材有轻器械、哑铃、轻重量杠铃等。实际训练时，快速拉皮筋是行之有效的好方法，对良好肌肉类型的形成有重大意义。反应力量的练习方法：在肌肉被拉长的情况下，抬起腿来，保持平行，快速抖动；屈腿，快速下放大腿，抖动大腿；两腿直立，尾根部定住，上体前后快速摆动。以上几种练习方法，对于训练学生的反应力量有独特的效果，应当多加练习，此外还要防止学生把肌肉“练死”。腰腹肌力量的练习方法：①两把椅子，拉开适当距离，把运动员平放在上面，然后在他的肚子处，再坐上一个人；②让运动员在两把椅子上做俯卧撑，隔三十秒就用手掌按压他一次，也可以在其后背压上杠铃片；③运动员趴在跳箱上，双手抱头，上体左右快摆。在力量练习中，人们往往重视动力性力量练习，而忽视静力性力量练习，这是不对的。今后的力量练习中，我们必须加大静力性力量练习，以达到事半功倍的效果。例如，悬空静止俯卧撑、原地蹲马步是重要练习方法，应受到师生的重视。

（二）耐力素质

耐力素质是指运动员在长时间运动项目中克服自身疲劳的能力。它是身体健康与否的一个重要标志，是身体素质的重要基础，会影响运动员其他素质的发展。进行耐力训练时，要注意时间不能太长，次数不宜过多，严格控制运动量和运动强度，在练习过程中安排合理的休息调整时间，提高效率，保证安全。以有氧耐力训练为主，以无氧耐力训练为辅。比如，采用2～4分钟的连续练习，5～20分钟间歇跑，各种球类练习，做游戏等。发展耐力的基本手段一般包括各种形式的跑、长距离的游泳等方式。如果要长时间进行一般的和专项的技术动作练习，则最好选择空气新鲜、氧气充足的场所，并教会学生正确的呼吸方法。

（三）速度素质

速度素质是指运动员利用身体进行快速运动的能力。它包括两个重要因素，即动作频率和反应速度。在训练速度练习中，大多采用一些自然动作练习，各种快速跑的专项辅助练习、快速反应练习、追逐游戏练习、反复的短距离快速跑，以及有利于快速跑的球类练习。对于小学生，可以考虑练习速度力量和速度耐力，多进行跳跃、投掷、多级跳、快速起蹲等类似的练习。可用以下方法来提高运动员的速度素质：加长快速跑的距离，增加快速练习的次数；适当练习中长跑，安排一些增强大肌肉的练习，如腰部练习、腿部练习等；安排锻炼小肌肉群的专项练习，如踝部练习、腕部练习、肘部练习等，以提高快速移动的能力，预防疲劳，以防造成损伤。在进行速度耐力训练时，年龄较小的学生心肺机能较弱，不宜进行长时间或长距离的练习，所以教师要适当控制运动量和运动强度，采用灵活多样的练习手段，绝不能经常使用最大速度重复练习。这容易造成运动员速度障碍，直接影响运动员今后的运动生涯。

（四）灵敏素质

灵敏素质是指人体在各种复杂条件下，快速、协调、准确、灵活地完成动作的能力。一般女运动员在青春期以前比男运动员的灵敏素质稍好一些，但是男运动员到了青春期以后，其灵敏素质会显著地高于女运动员。所以，在运动员青春期以前的这段时期，要注重女运动员灵敏素质的训练，基本上使其能满足所从事的专项运动项目的需要。为训练灵敏素质，一般采用各种技巧、跳跃、活动性游戏等方法。应该注意的是，在运动员大脑皮层高度兴奋时，运动员注意力高度集中，适合进行灵敏素质的训练，但是，时间不能太长，需要交替地进行不同性质的练习。如果运动员大脑皮层疲劳，就会严重降低他们的训练效果。

（五）柔韧素质

柔韧素质是指人体各个关节的活动幅度，肌肉和韧带的伸展能力。常用的方法有反复地做伸展性、牵拉性动作。发展学生柔韧素质，宜早不宜迟，从4岁起，就能进行柔韧素质练习。6～13岁这个时期，学生的各个关节特别灵活，是柔韧练习的最佳时期。这个阶段由于髋关节周围肌肉组织增大，而限制了腿向两侧的活动，所以要加强髋部柔韧性的训练。运动员在6～13岁这个阶段，身高体重迅速增长，出现青春期特征，相应的柔韧性快速下降，为了保障专项运动项目的需求，柔韧性训练还得继续，应该注意适当减小强度，多结合力量训练，使运动员得到全面训练，保持身体全面发展。应尽量避免大幅度的脊柱反向弯曲，还应减少大幅度扭转动作的练习，如果造成脊柱、髋关节损伤，则会严重影响运动员的运动生涯。运动员到16岁以后，身体接近成熟，柔韧素质受到身体的限制，但不能因此而放弃柔韧性的练习，更应该注意加大柔韧训练的比例，消除它的负面作用，保障身体所需。柔韧练习以活动的方式为主，以静止的、被动的练习为辅，保持适当的重复次数，加大练习的幅度，再结合力量练习，使运动员的各个关节、韧带和相关联的肌肉全部得到锻炼，整体提高全身的柔韧性，形成优美的身体姿势，“站如松，坐如钟”，学生会终身受益。各种身体素质的发展，彼此有着密切的联系，不应孤立地进行，而应根据不同年龄、性别以及所从事的专项需要，运用身体素质转移规律，有计划地全面发展各项身体素质。要处理好一般身体训练和专项身体训练的关系，如田径项目的身体训练比重一般比球类项目大，准备期的身体训练的比重要比竞赛期大。由于身体训练较为枯燥、单调，运动负荷较大，训练比较艰苦，训练中往往容易放松要求，忽视练习质量。作为教师，必须对运动员进行经常性的教育，严格要求动作质量，保证身体训练的效果。

二、技术训练

为了提高运动成绩，除了要努力提高身体素质，还要掌握熟练的动作技术（这是十分重要的条件）。身体素质和运动技术相辅相成，缺一不可，都是提高运动成绩的关键因素。特别是那些技术难度高的项目，动作技术更为关键，如果动作掌握不好，就很难取得优异的成绩。同时，技术是战术的基础，离开了熟练的技术，战术就无法灵活运用。技术训练的主要目的有两个方面：一是让运动员学习掌握专项运动技术；二是提高运动员运用技术的能力，它在运动训练中，至关重要，不能忽视。任何项目、任何水平的运动员都必须重视技术训练，不断学习新动作技术，逐步提高自己的技术质量，保障取得优异成绩。对于技术训练，国家田径运动队原副总教练阚福林对少年儿童的技术训练有独到的看法。他认为，对于少年儿童来说，尊重他们的自然动作，不要刻意破坏学生的自然动作，要保护他们的纯天然的东西，保持他们的特点，不能轻易改动；要抓住学生的特点，发扬其特点，没有特点、没有特长的运动员就可能会没有能力，所以要尊重运动员的自然性。动作技术有其内在的特点，如放松、协调、舒展、节奏感、快速等，一定要保持这些有益的特点，保留学生固有的特性，将来会有意外的收获。

三、战术训练

战术是根据比赛双方的情况，正确分配力量，充分发挥本方身体和技术特长，限制双方特长，争取比赛胜利的方法。战术是在运动员具有一定的身体训练和技术水平基础上，根据比赛需要形成的。战术的发展对运动员的身体和技术不断提出新的要求，在一定程度上影响身体素质和技术的发挥和运用。在球类运动中，当双方实力差不多，处于僵持状态时，谁的战术运用得当，谁就会在比赛中占据主动地位，所以战术运用得当往往成为取胜的关键。在一定情况下，如果战术运用成功，还可能以弱胜强，反败为胜。战术对于一些非对抗性项目也有一定的作用。例如，中长跑的体力分配，匀速跑，领先跑，跟跑，保卫重点比赛对手，打乱对手节奏等战术；接力比赛中的次序分配；跳高中的免跳战术等。少年儿童的战术训练，应加强基本战术训练，从基础学习，等到比较熟练了以后，再学习较复杂的战术。根据临场比赛的要求，战术训练应在模拟的比赛中进行练习，那么可以创设模拟比赛场景，尽量接近实际的比赛，以此磨合战术配合。还可以人为地增加比赛难度，以少攻多或以少防多，预设比赛中可能出现的不利情况，加强训练；还可以选择条件较差的场地进行训练，或者在下雨刮风的条件下进行训练，提高学生的实战能力，培养学生克服困难的勇气。在攻防练习中，当遇到困难时，要灵活运用战术。总之，战术训练应建立在身体训练、技术训练基础上，从运动员的身体和技术特点出发，结合身体训练和技术训练，使战术训练更切合实际，更富有成效。

四、智力训练

智力训练是指有目的、有计划地安排运动员学习文化和体育知识，发展智力的练习。学生智力发展得越好，观察思维和分析判断的能力就越强。这有利于学生迅速、正确地掌握运动技术和战术，更快地提高学生训练质量。聪明的运动员在比赛中能准确地判断敌我双方情况，淋漓尽致地发挥自己的特长，从而获得比赛的胜利。重视少年儿童运动员的智力训练，提高他们的文化水平和智力发展水平，才能使他们逐步深入地了解训练的规律性，更快、更好地领会教师的意图，用先进的科学理论知识分析技术，自觉进行训练，主动配合教师控制训练过程，不断提高训练效果。作为运动员，不仅要有强健的体魄，更要有深厚的文化底蕴，要注重学习文化知识、体育知识、运动理论以及技术战术知识，培养自身的观察能力、接收信息的能力、思维能力、想象能力和综合的分析判断能力。想培养出一个优秀运动员，智力是至关重要的一个因素，必须对此加以重视，悉心培养。

五、意志品质教育

意志品质教育是少年儿童业余运动训练的一项重要内容，对保证训练任务的完成具有十分重要的意义。加强意志品质教育，能使少年儿童运动员明确训练目的，端正参加训练的动机和态度，积极主动、刻苦顽强地进行训练，从而提高训练效果，保证训练任务的顺利完成。比如，进行勤学苦练、克服困难的教育，培养他们勇敢、顽强、坚毅的意志品质和拼搏精神；进行体育道德作风教育，培养他们团结互助、文明礼貌、遵纪守法、胜不骄、败不馁、赛出风格、赛出水平的优良作风。身教重于言教，这个道理从大量的事实中可以得到验证。

六、心理训练

心理训练在竞技运动中占据十分重要的地位，它有时关乎比赛的胜败，是运动训练的重要内容之一。遇到挫折时的心理暗示，有时候可能决定成败。例如，当运动员抽到最外侧跑道时，可以暗示自己虽然在最外侧，但是便于观察对手的情况；当运动员比赛遇到顶风时，可以暗示自己个子矮，阻力小，对自身很有利；当运动员抽到最内侧跑道时，可以暗示自己是距离最近的，占据了位置优势；当对手跳过横杆时，运动员要暗示自己一定能行；当客场比赛时，运动员可以暗示自己沉住气，保持冷静，集中精力；当对手暂时领先时，运动员要暗示自己发挥正常水平，打好每一个球；当别人打破纪录时，运动员可以暗示自己也一定能创造个人最好成绩；跳高在同一高度连续失败两次时，运动员可以暗示自己鼓足全力，跳出好成绩，向观众证明一下自己的实力。以上都是在比赛中经常遇到的问题，教师要注意让学生学会心理暗示，教给他们摆脱困境的实用技巧。

第二节　运动的生物和化学理论

人体运动是肌肉利用能量做功的过程。安静时全身消耗的能量少一些，剧烈运动时机体对能量的需求大大增加，肌肉必须储存大量能量，或者具有不断释放能量的能力和调节功能。不同的体育运动项目都有其特殊的能量需求。比如，短跑、跳跃和投掷等项目需要在极短的时间内提供相应的能量；马拉松、长距离游泳、越野滑雪等项目需要在长时间内提供相应的能量；球类、体操等非周期性体育运动对各类供能方式均有不同程度的需求。人体主要有三种供能途径，即三大供能系统，这三种供能途径通过不同方式的组合，可以为各种体育运动项目提供与之相适应的能量。这三大供能系统分别是磷酸原系统、糖酵解系统和有氧氧化系统。

一、磷酸原系统

磷酸原系统主要由细胞内三磷酸腺苷和磷酸肌酸两种高能磷酸化合物组成，三磷酸腺苷是肌肉收缩的直接能源，肌肉收缩时，与三磷酸腺苷结合的肌球蛋白和肌动蛋白形成横桥，同时分解三磷酸腺苷，使化学能转变为机械能，引起肌球蛋白和肌动蛋白相互滑行，完成肌肉收缩。

磷酸肌酸是骨骼肌储存能量的仓库，它的分解是合成三磷酸腺苷的最快途径。该反应由活性很强的磷酸肌酸激酶催化，一分子磷酸肌酸的分解可以合成同等数量的三磷酸腺苷，由于两者都是通过分子内的高能磷酸键快速转移来释放能量，因而将它们统称为磷酸原系统。

磷酸原系统供能物质储量极少，其中每千克肌肉约含三磷酸腺苷5～7毫克分子。当肌肉以最大功率收缩时，供能时间仅能维持1～2秒，磷酸肌酸储量约为三磷酸腺苷的3～5倍，快肌纤维含量高于慢肌纤维。运动时，成年人参与收缩活动的骨骼肌约为20千克，其磷酸肌酸储量约为400毫克分子，在进行每千克体重50瓦的最大功率肌肉收缩时，供能时间可达6～8秒，所以人体进行剧烈运动时，整个三磷酸腺苷系统维持功能的时间约为10秒。

虽然人体高能磷酸化合物含量较少，维持供能时间少于其他供能形式，但由于磷酸原系统在三个供能系统中输出功率最大，在进行极限强度运动时，该系统的最大输出功率可以超过每千克体重50瓦，几乎相当于汽车的输出功率，所以该系统对于短跑、跳跃、举重和投掷等要求爆发力的运动项目来说极为重要。磷酸肌酸的消耗与运动强度有关，在剧烈运动时磷酸肌酸储量下降速率大于三磷酸腺苷，在筋疲力尽时，磷酸肌酸接近耗尽，约为安静时的3%，但三磷酸腺苷的含量仍保持在安静时的60%左右，当以75%的最大吸氧量工作时磷酸肌酸下降80%，以低于60%最大吸氧量工作时磷酸肌酸含量几乎不变，说明这种强度的运动主要靠有氧代谢供能。

运动训练可使肌肉中的磷酸肌酸含量增多，在进行速度训练后，人体肌肉内磷酸肌酸含量比对照组高58%，力量训练后比对照组高15%。磷酸肌酸激酶的活性也受训练的影响，在进行速度训练后磷酸肌酸激酶的活性可提高20%，在进行耐力训练后磷酸肌酸激酶的活性可提高15%。研究表明，运动员磷酸原系统的供能能力高于常人，因而在进行需氧量相同的剧烈运动时，运动员血乳酸的出现较迟于一般正常人。由此可见，运动训练确能提高体内磷酸肌酸储量，增强磷酸肌酸激酶活性，有利于将磷酸肌酸分子内储存的能量转给腺苷二磷酸重新合成三磷酸腺苷，以保证短时间剧烈运动时肌肉供能的需要。

二、糖酵解系统

糖酵解系统是机体进行较大强度运动时的主要能量来源。该供能系统的能量输出在运动开始后30～60秒达到最大速率，维持时间可达2～3分钟，2～3分钟之后，由于糖酵解产物——乳酸堆积过多，肌肉中酸碱值下降，使磷酸果糖激酶活性受到影响，进而限制糖原的进一步分解，最终导致运动速率下降，甚至不得不停止运动。糖酵解系统供能的最大输出功率约为磷酸原系统的一半，因此以糖酵解供能为主的运动所表现的力量和速度均低于磷酸原系统。由于该供能系统可以在无氧条件下维持较长时间和较大功率的能量输出，因此在田径200米、400米和800米等项目中，该供能系统是主要供能系统。目前研究认为，运动强度和糖酵解关系非常密切，当大强度运动需要的能量超过体内有氧代谢供能能力时，就会出现血乳酸升高的情况；以大于90%最大吸氧量的强度进行剧烈运动时，血乳酸会持续上升，直至疲劳终止运动；在以50%～80%最大吸氧量进行中等强度运动时，运动最初5～10分钟内，血乳酸缓慢上升，然后保持不变，或逐渐恢复到安静水平。

三、有氧氧化系统

有氧氧化系统是进行长时间耐力运动的主要供能系统。其能量输出功率远远低于其他两个供能系统，而且供能速率与代谢底物有密切关系。代谢底物为糖时，输出功率约为糖酵解系统的1/2，而脂肪氧化的最大输出功率又比糖完全氧化降低一半。

糖类、脂肪在体内储量甚多，可以维持较长时间的运动。一般认为，大强度运动2小时之后，肌糖原才接近耗尽，而脂肪的数量，对于运动供能来说，可以形容为“取之不尽，用之不竭”。蛋白质的代谢、供能作用较小，特别是在进行30分钟以内的运动时尤其如此。

与其他两个功能系统相比，有氧代谢供能系统的显著特点是：合成三磷酸腺苷数量最多，维持运动时间最长，而且不产生导致疲劳的“副产品”。有氧代谢最终产生二氧化碳和水，二氧化碳可以经肺呼出体外，水可以被机体重新吸收利用。有氧氧化系统能维持长时间、长距离运动的供能，因此它对越野滑雪、长距离游泳和马拉松跑等持续时间较长的运动项目具有重要的意义。

运动时参与供能的能源物质的动用与运动强度有关。安静时糖供能只占25%，脂肪供能约占75%。当运动强度增强，达到最大吸氧量时，糖供能达到75%～80%，脂肪供能则相对减少。在保持一定运动强度，而运动时间延长时，脂肪氧化供能的比例会逐渐增加。糖的利用还受膳食条件影响，低糖膳食时，糖利用率低，高糖膳食时，糖利用率高。在进行相同强度运动时，经过训练者利用糖的效率比未经训练者约低10%。脂肪数量很多，但在运动时脂肪的利用受到一定的限制。糖原在体内储量不多，当运动强度增加时，糖的利用量也增多，因此肌糖原储量就成为影响运动能力的重要因素。当运动开始时，肌糖原数量是每千克肌肉6克，以75%的最大吸氧量运动时可以持续一个小时。当肌糖原增至每千克肌肉35克时，以75%的最大吸氧量运动到筋疲力尽的时候，可以持续160分钟。目前认为，在最大吸氧量60%～80%强度内运动时，运动员的耐力和运动开始时肌糖原数量有关。长期坚持运动锻炼，可以增加肌肉内肌糖原的含量，从而提高耐力素质。

运动时有氧代谢供能过程受以下几个因素的影响：

第一，线粒体数目增加，线粒体是有氧代谢的部位，其数量增加能增加组织中氧的消耗，从而有利于提高氧从毛细血管到肌肉组织的弥散能力。

第二，肌肉组织中有氧代谢酶活性提高，可使氧化能力提高、脂肪利用增加，从而起到节省糖原的作用，达到提高运动能力的效果。

第三，血红蛋白的增加同样有利于氧的运输供应。

第四，代谢调节能力提高，特别是肌肉对能量物质的利用能力加强，如肝糖原分解，丙氨酸-葡萄糖循环参与供能过程等等。

四、各种供能系统的关系

不同类型运动项目的供能途径之间以及各供能系统之间形成一个连续的统一体，它可以表示运动中所需能量的产生途径与该项运动之间的关系。统一体的一端是短时间、大强度的运动，整体供能以无氧代谢为主，如100米跑，主要以磷酸原系统供能，运动时间超过10秒后，糖酵解供能逐渐加强。统一体的另一端是长时间、小强度的运动，如马拉松跑，大部分能量是由有氧代谢系统提供的。而位于统一体中间的项目，则主要由乳酸系统提供能量，随其所处的位置不同，磷酸原系统和有氧代谢系统也占不同的比例。

各类运动在能量连续统一体中的相对位置，可以根据该项目有氧和无氧代谢供能的比例确定，跑、游泳和其他任何项目都可能包括在这一连续统一体中。进行各种运动时，有氧和无氧代谢系统无论如何都可提供一定的三磷酸腺苷，但又总是以某一供能系统为主。例如，某运动员体内的某一供能系统比其他供能系统更发达，那么有这个供能系统占优势的专项成绩就会提高。

在一项运动中，三种能量系统供给三磷酸腺苷的百分比与运动时间及功率输出之间有紧密的依存关系，运动时间越短，则功率输出越大，由磷酸原系统供能的比例也就越大；反之，由有氧系统供能的比例就越大。当某一系统供给三磷酸腺苷的百分比升高时，另一系统供给三磷酸腺苷的百分比就会下降，这两个系统几乎分别负责供应在能量连续统一体各一端的活动的全部三磷酸腺苷。

实际上大部分运动项目涉及两个以上的供能系统，如某些运动项目持续时间很长，能量供应以有氧代谢为主，但其中某些技术动作需要高速率的能量输出，必须由磷酸原系统提供能量，因此要训练两个能量系统，才能有效地提高运动能力。比较典型的例子是障碍跑，长距离的奔跑需要由有氧代谢系统供能，而跨越障碍时，由磷酸原系统供能。

研究不同供能系统之间的关系无须讨论所有的体育项目，可以用运动时间这一共同标准来确定能量连续统一体，运动时间的能量连续统一体可分成四个明显不同的区域：

第1区：

这一区包括运动持续时间少于30秒的所有活动。在这些活动中，最主要的能量系统是磷酸原系统。属于连续统一体第1区的有推铅球、100米跑等需要快速度和爆发力的运动项目。

第2区：

这一区包括运动持续时间为30～90秒的体育项目。在这些体育项目中，起主要作用的供能系统是磷酸原系统和糖酵解系统。属于这一区的体育项目有100米自由泳、200米跑、400米跑等。

第3区：

这一区包括运动持续时间为90～180秒的体育项目。它也包括两个主要的供能系统，即糖酵解系统和有氧代谢系统。属于这一区的运动项目有800米和1500米跑、200米和400米自由泳、体操等。

第4区：

能量连续统一体的第4区所代表的运动项目，其运动持续时间均在3分钟以上，其所需三磷酸腺苷主要由有氧代谢系统供应。划入这一区的运动项目有马拉松、越野项目跑、1500米自由泳和慢跑等。

五、运动时能量供应的调节

运动时体内物质代谢过程比正常生理条件下复杂而激烈，参加代谢的物质和代谢生成物的量远远高于安静状态时的量，体内运输和排泄过程随之加强，要保证物质代谢与运动供能的协调统一，则两者之间必须存在迅速、精确的调节过程。

（一）维持三磷酸腺苷含量恒定的调节

细胞内的三磷酸腺苷含量有限，一秒左右的最激烈肌肉收缩即可使之全部耗尽。但实际上，在长时间激烈运动之后，细胞中的三磷酸腺苷与腺苷二磷酸的浓度比值也没有明显变化，说明剧烈运动时三磷酸腺苷合成与分解的速度基本上是一致的。随着肌肉收缩活动的增加，供能物质的利用速度必然随之加快，而三磷酸腺苷与腺苷二磷酸的浓度比值没有明显变化的原因，是腺苷一磷酸、磷脂酰肌醇、磷酸肌酸等物质直接或间接地对两者进行调控，使能量的消耗与生成保持高度的协调统一。

（二）运动时，能源物质利用的调节

运动时调节能源物质利用的原则是尽量节省糖的利用。葡萄糖是人体红细胞、白细胞、脑和神经组织生成能量的唯一供能物质。为了维持这些组织的正常机能，血糖水平必须保持每摩尔3～5毫克，如果不能从食物中摄取葡萄糖，维持正常血

糖水平，那么人体内代谢的策略是节省糖的利用，优先把能量供给那些依赖葡萄糖氧化供能的重要组织，而其他组织就会加强脂肪的氧化供能作用，用脂肪供能。供能充分时，细胞内脂肪酸有氧氧化加强，三磷酸腺苷与腺苷二磷酸的比值以及三羧酸循环中间代谢产物——柠檬酸浓度升高，两者可以抑制磷酸果糖激酶的活性，导致此反应前的代谢产物增多，其中磷酸葡萄糖的堆积可以反馈性抑制细胞内葡萄糖磷酸化，阻断糖酵解，出现细胞内脂肪酸代谢，抑制糖代谢的作用。剧烈运动时肌肉收缩加强，要求供能速率增高，三磷酸腺苷与腺苷二磷酸的比值下降，磷酸果糖激酶活性大幅上升，磷酸葡萄糖酸化反应加快，从而使糖氧化功能加强。训练能明显提高骨骼肌利用脂肪供能的能力，其主要原因是训练肌肉内的线粒体数目增多，线粒体内脂肪酸氧化酶系、三磷酸循环酶系以及呼吸链酶系的活性相应增加，使脂肪酸氧化能力增强，这是机体对一定强度的长时间运动的重要适应。长跑训练可以提高脂肪酸的氧化能力，从而消耗体内一部分脂肪，达到降体重的目的。

（三）运动时，供能代谢的激素调节

运动时，整体供能代谢的调节受各种激素水平的影响。胰岛素在体内能源物质利用的调节中起重要作用，在吸收阶段，胰岛素分泌增加，可以促进葡萄糖转运至肌肉和脂肪细胞，促进肌细胞内糖原的生成和脂肪细胞内甘油三酯的合成。当血糖水平升高时，肝脏以糖原形式储存葡萄糖，同时将过多的葡萄糖转变成脂肪酸，由血液运送到脂肪细胞合成甘油三酯。吸收后阶段，血糖水平下降，胰岛素分泌减少，进入肌肉脂肪细胞的葡萄糖也随之减少。这将引起脂肪组织内脂肪酸的释放以及血浆脂肪酸浓度升高，肌细胞氧化脂肪酸能力升高，起到节省糖的作用。此时的代谢变化，主要保障脑和神经组织对葡萄糖的利用，肝糖原的分解可以维持血糖浓度的正常。而其他组织以脂肪供能为主，只要有充足的血液为肌肉提供氧和脂肪酸，肌肉将基本上利用脂肪代谢释放的能量合成三磷酸腺苷。运动时，血液胰岛素浓度明显下降，限制肌肉细胞对血糖的摄取，从而增加脑和神经系统对血糖的利用。

生长激素在运动中的作用是调节游离脂肪酸和甘油水平，它的分泌量与运动的剧烈程度和持续时间有关。有人通过实验发现，在低强度运动的前40分钟内，该激素的分泌量没有明显变化，40分钟以后，该激素的分泌量逐渐增加，并能持续2小时，运动结束后，分泌量立即减少。以50%最大吸氧量的强度运动，人体生长激素未见明显变化，运动强度增加到66%最大吸氧量时，该激素的分泌量就明显增加，而且在此阶段，并未发现血清葡萄糖量的下降。因此可以认为，脂肪供能速率达到一定程度时，可以导致该激素的分泌量明显增加。

肌肉运动时，可导致肾上腺素和胰高血糖素分泌量增加，使能量物质（特别是脂肪）的利用加强。随着运动强度的提高，由于脂肪供能输出功率不能满足肌肉剧烈运动的能量需求，三磷酸腺苷的合成将转向主要依赖糖原分解提供能量。

第三节　运动训练的原则

运动训练的原则是学生参加运动训练需要遵循的基本准则。这些原则是在长期的运动训练实践中积累起来的具有普遍意义的概念总结和有关科学研究的成果，反映了运动训练的客观规律。运动训练中学生如果不遵循这些基本原则，盲目地进行训练，不仅不能促进身心全面发展，获得良好的训练效果，反而会引起运动损伤或者运动性疾病，损害健康。下面对运动训练的基本原则进行具体介绍。

一、竞技需要原则

竞技需要原则是指根据提高学生竞技能力及运动成绩的需要，从实战出发，科学安排训练的阶段划分及训练的内容、方法和负荷等因素的训练原则。贯彻这一原则可使训练更好地结合专项的特点和专项竞技比赛的需要，提高运动训练的专项针对性、实战性和实效性，争取获得满意的竞技比赛成绩。贯彻竞技需要原则，需要注意以下几个方面：

第一，要围绕运动训练的基本目标，全面安排好训练和比赛。

第二，正确分析专项竞技能力的结构特点。每个运动项目的特异性决定了其竞技能力构成因素的差异性。教师对不同专项竞技特点和学生竞技能力结构特点的分析，正是确定不同项目训练负荷内容的重要基础。

第三，依据竞技需要原则的要求，负荷内容和手段的选择是由不同专项竞技能力的主要因素与学生自身的具体情况来决定的。

第四，注意负荷内容的合理结构。教师在训练过程中，应该熟练掌握合理动作的基础，应将主要精力放在如何更有效地提高体能水平上，以获得更大的力量、更快的速度和更强的耐力来实现竞技水平的不断提高。

同时，教师对同一项目的不同学生，还要求根据学生自身竞技能力的特点和对手的特点，合理安排心理训练的内容和手段。

二、动机激励原则

所谓动机激励原则，指的是教师在促使学生以个体为主的运动训练过程中，更好地激励学生形成良好的运动训练动机和行为，在完成训练任务的过程中更加积极主动的训练原则。在运动训练中，教师要通过各种合理的途径激励学生主动从事训练。遵循动机激励原则就是要不断提高学生的运动训练积极性和主动性，培养其自我调控能力、独立的思考能力以及创造能力，主要有以下几个方面的具体要求：

第一，要培养学生正确的价值观，使其有目的地进行运动训练，使其逐步形成自觉从事运动训练的态度和动机，引导其从不同的角度和层次认识运动训练的意义和价值。

第二，在运动训练中，要以学生为主体。这就要求教师在对学生进行运动训练时，必须注意以下几个方面：一是明确学生的主体地位；二是有意识地培养学生独立思考的能力；三是引导学生提高自我反馈的能力，培养学生进行自我分析和评价的能力。

第三，在运动训练中，要选择科学的训练方式。对于过去那种简单、粗暴的“从严”训练方式，教师要在正确认识和理解“从严”含义的同时，结合现代科学合理的方式对其进行调整。

三、适宜负荷原则

在训练过程中，要根据训练任务、对象水平与要求，科学合理地在各个训练环节中提高运动训练负荷量，直至达到最大负荷要求，这就是适宜负荷原则。因此，教师要以训练任务、对象水平及每个练习的目的、要求、负荷为主要依据来对运动训练负荷进行科学合理的安排。在训练过程中，运动训练负荷要经过加大、适应、再加大、再适应这样一个逐步提高的过程。在球类运动训练中，加大运动训练负荷，直至最大限度，要先从训练任务、学生身体状况和训练水平出发，考虑运动训练负荷安排的合理性。训练过程的不同时期、周期、阶段及每一节训练课的任务都有所不同，学生承受运动训练负荷的能力也不同，这主要反映在学生承受负荷能力的大小、恢复的快慢，以及对负荷强度和负荷量的承受能力上。因此，只有根据训练的不同任务和学生的训练水平安排运动训练负荷，才是合理的。同时，在运动训练过程中，加大运动训练负荷必须循序渐进，在加大运动训练负荷过程中要处理好负荷量和负荷强度的关系，掌握好负荷与恢复的关系。除此之外，需要注意的是，运动训练负荷的增加必须达到极限。因为只有极限负荷的刺激，才能将学生肌体的机能潜力充分挖掘出来，并且只有经过不断地训练形成超量恢复，提高学生的身体素质和运动水平，才能够达到参加激烈比赛、创造优异运动成绩的要求。

四、周期安排原则

周期安排原则是指周期性地组织运动训练过程的训练原则。根据学生肌体的生物节奏变化规律，竞技状态形成与发展的周期性规律，以及运动竞赛安排的周期性特点，按一定的动态节奏，安排训练内容和逐步提高负荷量。贯彻周期安排原则要掌握以下几点：

第一，掌握各种周期的序列结构。教师要了解各种周期的时间构成及其应用范畴，在训练实践中贯彻周期安排训练原则是一个必不可少的重要条件。

第二，选择适宜的周期类型。教师要根据实际情况选择适宜的周期类型。例如，在确定年度训练的安排时是采用单周期、双周期还是多周期；第一周期的训练应该是加量周期、加强度周期还是赛前训练周期。

第三，处理好决定训练周期时间的固定因素与变异因素的关系。进行周期安排的依据是人体竞技能力变化和适宜比赛条件出现的周期性特征，其中后者是决定训练周期时间的固定因素，而前者则是变异因素。因为重要比赛日程的安排通常与某个项目最适宜的比赛条件的出现是一致的，而且通常在上一年度已经确定。尽管人体本身受生物节律的影响，但它并非绝对不变，人们完全可以通过训练安排，使其在特定的时间里表现出最佳的竞技状态。竞技状态的发展过程是可以由人来控制的，教师应努力做到有把握地调节这一变异因素，使之与特定的比赛日程安排相吻合。

第四，注意周期之间的衔接。把一个完整的训练过程划分成若干个较小的周期之后，人们往往会忽视各周期之间的衔接，主要表现是注重训练过程的阶段性而忽略连续性。整个训练过程中，不同时间跨度的周期组成一个连续发展的过程，因此在具体的训练过程中应特别注意周期之间的衔接。

五、区别对待原则

区别对待原则是指在运动训练中要根据学生各方面条件及不同训练条件和不同训练任务等，有区别地确定训练任务，对训练方法、内容和负荷有相应的安排。学生在身体条件、心理品质和个性特征等方面都表现出明显的差异，因此在训练中要始终贯彻区别对待原则。贯彻区别对待原则，有利于发掘学生的潜力，防止出现训练中个别学生脱离整体的现象。只有进行正确的区别对待，有的放矢地进行训练，才能取得良好的训练效果。贯彻区别对待原则，需要注意以下几个方面：第一，要根据学生的不同特点，合理安排训练。第二，在整个运动训练中，要根据个人和全队的要求，为项目分工不同的学生制订专门的训练计划，以满足实际需要。第三，区别对待原则要贯穿运动训练的全过程，包括每次训练课和每次早操，除了共同要求，还要针对学生自身的不同情况提出具体的个别要求，并采取相应的措施，处理好每个环节。

六、直观训练原则

直观训练原则是一种非常重要的运动训练原则，它是依据直观性与动作技能形成的教学论原理所确立的学生必须遵循的准则。其主要目的是使学生能更有效地完成技术、战术和智力训练的任务。在教学过程中，直观性教学有很多种方法，而且现代运动训练更加强调直观训练原则的运用。运动训练中，尤其是训练初期，遵循和突出教学训练的直观性十分重要，具体来说，应注意以下几点：

第一，合理地选用直观手段。选用各种直观手段时，要选择那些目的性强、有成效的手段，要明确所选的各直观训练手段所能解决的主要功能，要注意不同对象、不同运动项目和训练内容的特点。

第二，根据学生的个体特征选择直观手段。选择和运用符合学生个体特点及训练水平的直观手段，且对不同训练水平学生进行训练时，应采用不同的直观手段，同时，还要注意采用不同的训练强度。

第三，运动训练中，教师应先进行直接示范，在学生掌握到一定的水平后，再通过录像、图解、直接观摩优秀学生的表演和比赛等手段，同时结合清晰、准确、形象的讲解以及教师对学生技术动作的观察分析，进行研究讨论，启发训练者进行积极思维活动，并逐步找出体育运动的规律性。

第四，注意掌握运用直观手段的时机和方法。要根据不同年龄阶段学生的感觉器官发育的敏感发展期的不同，合理地选择和运用直观手段。教师可用语言信号、固定的身体姿势或慢速动作来加深学生对空中方位、肌肉用力程度的体会。

七、系统训练原则

在现代运动训练中，只有坚持进行多年不间断的系统训练，对所要掌握的运动技能进行不断重复和巩固，才能完成运动技能系统化积累。另外，这种多年的系统性训练也是在现代竞技运动中获得优异运动成绩不可或缺的一环，多年的系统训练和周期性训练是贯彻系统训练原则的重要手段。在现代运动训练中，贯彻系统训练原则要做到以下几点：

第一，要做好训练的周期性安排，要把身体训练与技能训练结合起来。

第二，在比赛期间，教师要制定良好的调整运动量的措施，使学生在比赛前进入最佳竞技状态。

第三，教师在制订训练计划时要重视训练的持续性和连贯性，并考虑学生多年的、系统的训练计划，同时，还应完善训练大纲。

第四，教师必须做好各训练阶段之间的连续性工作，注意各项工作间的有机联系和交叉衔接。

第五，安排运动训练时，教师要按“易—难、简—繁、浅—深”的原则安排训练工作，同时，还要合理地安排和选择训练内容和方法。

八、适时恢复原则

适时恢复原则是指及时消除学生在训练中所产生的疲劳，并通过生物适应过程产生超量恢复，提高学生肌体能力的训练原则。在学生疲劳达到一定程度时，教师应依照训练的统一计划，适时安排必要的恢复性训练，采取有效的恢复措施，使学生的肌体迅速得到充分的恢复。贯彻适时恢复原则要注意以下两点：

第一，准确判别疲劳程度，这是适时恢复的重要前提。学生疲劳程度的判别，通常是根据自我感觉和外部观察来进行的，也常常采用一些比较客观的生理和心理测试方法。

第二，积极采取加速机体恢复的适宜措施。例如，训练学恢复手段，医学、生物学恢复手段，营养学恢复手段，心理学恢复手段。

第四节　运动训练的方法

一、基础方法

运动训练采用的方法有很多，具体要根据实际情况和需要进行有针对性地选用，以达到最佳的训练效果。下面介绍几种常见的训练方法。

（一）分解训练法

分解训练法指的是将完整的技术动作或战术配合过程合理地分成若干个环节或部分，然后按环节或部分分别进行训练的方法。在需要集中精力完成专门训练任务，对主要技术动作和战术配合环节的训练进行加强时，适合采用分解训练法进行训练，这样可使训练取得更高的效益。分解训练法有着自己的适用范围，主要适用情况包括技术动作或战术配合过程较为复杂、可予分解，且运用完整训练法又不易使学生直接掌握的情况，或者技术动作、战术配合的某些环节需要较为细致的专门训练的情况。单纯分解训练法、递进分解训练法、顺进分解训练法、逆进分解训练法是较为常见的四种分解训练法类型。

（二）完整训练法

完整训练法指的是从技术动作或战术配合的开始到结束，不分部分和环节，完整地进行练习的训练方法。完整训练法的运用可以帮助学生对技术动作或战术配合进行完整地掌握，保持技术动作或战术配合的完整结构和各个部分之间的内在联系。完整训练法具有广泛的适用范围，既包括单一动作的训练，也包括多元动作的训练；既有个人成套动作的训练，也有集体配合动作的训练。但是在不同的情况下运用时，要注意有所侧重。

（三）持续训练法

持续训练法是指负荷强度较低、负荷时间较长、无间断地连续进行练习的训练方法。练习时，平均心率应在130～170次1分钟。持续训练主要用于发展一般耐力素质，并有助于完善负荷强度不高但过程细腻的技术动作，可使机体运动机能在较长时间的负荷刺激下产生稳定的适应，内脏器官产生适应性的变化；可提高有氧代谢系统供能能力及该供能状态下有氧运动的强度；可为进一步提高无氧代谢能力及无氧工作强度奠定坚实的基础。根据训练时持续时间的长短，可以将持续训练法分为短时间持续训练法、中时间持续训练法、长时间持续训练法三种类型。

（四）间歇训练法

间歇训练法是指对多次练习时的间歇时间做出严格规定，使机体处于不完全恢复状态下，反复进行练习的训练方法。学生在严格的间歇训练过程中，心脏功能能够得到明显的增强；通过运动训练负荷强度的调节，机体各机能与有关运动项目相匹配的适应性变化也会产生；通过不同类型的间歇训练，可以有效地发展和提高糖酵解代谢供能能力（或磷酸盐与糖酵解混合代谢的供能能力、糖酵解与有氧代谢混合供能能力、有氧代谢供能能力）；通过对间歇时间的严格控制，可以使学生在激烈对抗和复杂的比赛环境中发挥出更加稳定的技术动作；在较高负荷心率的刺激下，有利于促进机体抗乳酸能力，从而保证学生在较高强度的情况下仍具有持续运动的能力。高强性间歇训练方法、强化性间歇训练方法以及发展性间歇训练方法是间歇训练法的三种基本类型。

（五）变换训练法

变换训练法是在综合考虑实际比赛过程的复杂性、对抗程度的激烈性、运动技术的变异性、运动战术的变化性、运动能力的多样性及中枢神经系统的灵活性等因素的情况下提出的。所谓的变换训练法就是指对运动训练负荷、练习内容、练习形式及条件进行变换，以使学生的积极性、趣味性、适应性及应变能力得到提高的训练方法。通过运动训练负荷的变换，机体产生与有关运动项目相匹配的适应性变化，从而使承受专项比赛时不同运动训练负荷的能力得到提高。变换练习内容能够使学生的训练更加系统，并使学生的不同运动素质、运动技术和运动战术得到协调发展，从而使之具有更接近实际比赛需要的多种运动能力和实际应用的应变能力。依据变换内容的不同，可以将变换训练法分为形式变换训练法、内容变换训练法和负荷变换训练法三种类型。

（六）重复训练法

重复训练法指的是多次重复同一练习，并在两次（组）练习之间安排相对充分的休息时间的训练方法。重复训练法不断强化运动条件反射的过程有利于学生对技术动作的掌握和巩固。通过相对稳定的负荷强度的多次刺激，可使机体较高的适应性机制尽快产生，有利于学生身体素质的发展和提高。单次（组）练习的负荷量、负荷强度及每两次（组）练习之间的休息时间是构成重复训练法的主要因素。静止、肌肉按摩或散步是通常采用的休息方式。依据单次练习时间的长短，可以将重复训练法分为短时间重复训练法、中时间重复训练法和长时间重复训练法三种类型。

（七）循环训练法

循环训练法指的是根据训练的具体任务，将练习手段设置为若干个练习站，学生按照既定顺序和路线，依次完成每站练习任务的训练方法。运用循环训练法可使学生的训练情绪得到有效地激发，并且使负荷“痕迹”得以累积、不同身体部位得到交替刺激。每站的练习内容、每站的运动训练负荷、练习站的安排顺序、练习站之间的间歇、每遍循环之间的间歇、练习的站数与循环练习的组数是循环训练法的结构因素。运用循环训练法可以使不同层次和水平的学生的训练情绪和积极性得到有效提高；可以使运动训练过程的练习密度得到增加；可以随时根据具体情况因人制宜地加以调整，做到区别对待；可以防止局部负担过重，延缓疲劳的产生，对全面身体训练非常有利。在实践中，循环训练法中有“站”和“段”的说法，其中的“站”指的是练习点，如果一个循环内的站数中，有若干个练习点是以一种无间歇方式衔接的，那么这几个练习点的集合可称为练习“段”。“站”和“段”是安排循环练习的顺序时应该考虑的。以各组练习之间间歇的负荷特征为依据，可以将循环训练法分为循环重复训练法、循环间歇训练法和循环持续训练法三种基本类型。

（八）比赛训练法

比赛训练法指的是在近似真实、严格的比赛条件下，按比赛的规则和方式进行训练的方法。比赛训练法的依据包括人类先天的竞争和表现意识、竞技能力形成过程的基本规律和适应原理、现代竞技运动的比赛规则等。学生可以通过比赛训练法全面提高专项比赛所需要的体、技、战、心、智各种竞技能力。教学性比赛方法、模拟性比赛方法、检查性比赛方法和适应性比赛方法是较为常见的四种比赛训练法类型。

（九）综合训练法

综合训练法是指把重复训练、循环训练、变换训练等各种训练法结合起来运用，或者在一组训练中安排各种技术训练、灵敏训练、力量训练等多种内容的训练方法。在训练实践中，以上各种训练方法并不是单独存在和使用的，而是需要通过综合训练来灵活地调节学生的训练负荷与休息，使其更圆满地达到训练要求，从而促进学生运动素质和运动水平的全面提高。综合训练法变化很多，组合多样，具体可以根据不同性别、年龄、身体状况、锻炼水平的学生的需求进行适当变化、调整，以期取得理想的训练效果。随着现代科学技术的进步，运动训练方法从理论到实践不断推陈出新。目前，社会各界有识之士非常重视训练法的创新。

二、整体控制训练方法

运动训练方法是在运动训练活动中，提高竞技运动水平、完成训练任务的途径和办法。运动训练方法在教练员的“训”和运动员的“练”的过程中被予以应用，是教练员和运动员在双边活动中共同完成训练任务的方法。正确地认识和掌握不同训练方法的功能和特点，有助于顺利地完成运动训练过程不同时期的训练任务，有助于有效地控制各种竞技能力的发展进程，有助于科学地提高不同项目运动员的整体竞技能力。

运动训练过程是一个复杂的系统工程。为了提高训练活动的科学化水平，教练员不仅需要掌握某一训练内容方面的具体“工艺”手段，还必须掌握科学控制运动训练进程的宏观“工程”方法。现代运动训练控制理论的产生，不仅为现代运动训练的理论宝库提供了具有时代意义的科学指导思想，也为现代运动训练实践提供了具有重大意义的科学控制方法。模式训练法、程序训练法即其中具有代表性的两种控制方法。

（一）模式训练法

1.模式训练法释义

模式训练法是一种具有高度代表性的规范式目标模式的要求组织和把握运动训练过程的控制性方法。模式训练方法操作程序为：①解析影响运动竞技水平的各种因素；②获取各影响因素的指标参数；③建立影响运动员竞技水平的因素结构模型；④以因素结构模型的评价标准数值为评定标准，对运动员竞技水平变化的结构状态进行阶段性评定；⑤将检查评定的结果反馈于运动训练过程的各个环节，以找出产生偏离状态的原因；⑥对运动过程相应环节的组织实施发出调节指令；⑦改进训练工作，使训练的阶段结果不断逼近模式目标。

2.模式训练法的基本结构与特点

（1）模式训练法的基本结构

模式训练法由训练的目标模型、检查手段、评定标准、训练方法四种构件组成。训练的目标模型提出了未来运动训练过程目标发展的指标体系；检查手段是采集运动训练现实状态的信息工具；评定标准是甄别现实状态与训练模式间差异性质的鉴标体系；训练方法是根据训练模式所提出的发展目标及评定结果的反馈信息所提出的练习方法。建立目标模型首先必须明确训练目标，即期望训练达到何等水平、具有什么特征的运动员。进而，需确定训练目标竞技能力结构的影响因素，并对反映这些影响因素状况的指标参数进行数学处理，建立起尽可能量化的目标模型。检查手段由检查项目、检查工具、检查方式三个要素组成。检查项目按训练内容分类，可分为机能、技能、素质、技术、战术、心理、智力等；检查工具按物理性质分类，可分为电测、机测、光测、磁测、化测等；检查方式则涉及群体、个体、环境等诸多因素。三者合成了检查评定的信息采集手段，为教练员提供运动训练现实状态的具体信息。评定标准为教练员提供识别运动训练过程状态的依据。训练方法则根据评定结果选用相应的实施模式训练以解决具体训练问题。

（2）模式训练法的特点

第一，模式训练法具有信息化特点。模式训练法实施的整个过程以训练模型的指标体系为控制的依据，以评定标准的指标体系为监督、检查工具。整个训练过程的发展与变化均置于信息控制之下，有助于及时纠正运动训练过程中出现的偏态。第二，模式训练法具有定量化特点。模式训练法依据的训练模型与评定标准均具有定量特点。实践中，训练模型的指标体系可为未来训练过程提供明确的反馈信息。因此，训练过程的发展与变化均置于数字化控制之下，有助于定量控制运动训练的过程。

（3）模式训练法的应用过程

教练员通过正向控制通道，运用训练模式、训练手段控制运动员竞技能力的发展方向；通过反馈调控通道，运用评定结果了解运动员的现实情况，修正训练计划的相应环节或教练员的指导方案，经过如此多次闭环式的控制过程，使运动员的训练结果科学地逼近训练模型指示的预定目标。

（二）程序训练法

1.程序训练法释义

程序训练法是指按照训练过程的时序性和训练内容的系统性特点，将多种训练内容有序地编制成由若干步骤组成的训练程序，按照预定程序组织训练活动，对训练过程实施科学控制的方法。程序训练法以训练程序为控制依据。训练程序是将训练过程的时序性与训练内容的逻辑性融为一体的有序集合体。训练程序表达了训练过程不同时期、不同阶段训练内容之间的逻辑关系。一般来说，训练程序中训练内容的逻辑性，训练过程的时序性越清晰、越细致，则越有利于程序的组织实施。科学编制训练程序是实施程序训练法的重要前提。

2.程序训练法的基本结构与基本特点

（1）程序训练法的基本结构

程序训练法由训练程序、检查手段、评定标准、训练方法四种构建组成。其中，每一种构建又由不同的要素组成。从结构角度上看，程序训练法与模式训练法最大的不同之处是控制运动训练过程的依据，模式训练法以训练模型为控制依据，程序训练法则以训练程序为控制依据。至于程序训练法中的检查手段、评定标准、训练方法等构件的组成特点及具体功能可参见模式训练法中相应的内容。这里集中讨论的是程序训练法结构中的训练程序。

训练程序由训练内容、时间序列和联系形式三个要素组成，各要素的意义与特点表述如下：编制训练程序要求将庞大、繁杂的训练内容按照系统分解成小训练内容单元（步子），并将其编制出具有相关性、逻辑性特点的训练内容体系。例如，田径运动中跳高项目的技术训练是该项目整体训练内容中的一项内容，从动作结构角度来看，跳高技术训练内容可分解为若干基本环节，即准备、助跑、踏地、起跳、腾空、过杆、落地的训练内容，其中任何基本环节的训练内容都可视为一个小训练内容单元（步子）。而且，各基本环节的训练内容又可进一步分解，例如助跑环节，可分解为助跑距离、助跑弧线、助跑节奏、助跑速度、助跑重心等子因素的训练。时间序列通常是指训练过程中训练单位时间的有机排序与衔接，要求将整个训练过程分解成有机相连的时间段落，以便将特定的小训练内容单元（步子）置于特定的时空之中，使不同的训练内容通过时间序列有机相连。联系形式是指在特定的时间范畴内不同训练内容衔接的方式，或者不同时间范畴内不同训练内容的衔接方式。一般来讲，训练内容的练习方式主要有“直线”和“网络”两类。由这两类练习方式编制的训练程序，分别称为直线训练程序和网络训练程序。前者，训练程序的结构简单，较易操作，但训练内容的容量较小；后者，训练程序的结构复杂，较难操作，但是训练内容的容量较大。

（2）程序训练法的基本特点

第一，程序训练法具有系统化特点。程序训练法实施的整个过程以训练程序的内容体系为控制依据，以评定标准的指标体系为监督、检查工具。整个训练过程的发展与变化均置于系统控制的状态之下。第二，程序训练法具有定性化特点。程序训练法所依据的训练程序具有鲜明的定性化特点，便于教练员抓住训练过程中的主要矛盾，选定明确的训练方向。第三，程序训练法具有程序化特点。由于训练内容规划在训练程序的过程之中，因此，训练过程中训练内容的变更实质上是在严格检查、评定、监督之下，按照训练内容内在关系的本质联系，有步骤、有计划地进行的。

3.程序训练法的应用：其应用过程是一种闭环式的过程

在现代运动训练的过程中，程序训练法应用的精髓之处是：教练员通过正向控制通道，运用训练程序、训练手段控制运动员竞技能力的发展方向；通过反馈调控通道，运用评定标准、检测手段了解运动员的现实情况，以便修正教练员的指导方案或根据训练程序指出的内容继续实施程序训练。经过如此多次闭环式的控制过程，使运动员的训练结果科学地逼近训练程序指示的预定目标。

三、具体实施方法

运动训练的基本操作方法主要包括完整、分解、重复、间歇、持续、变换、循环及比赛等训练法。这些方法的含义、作用、类型、特点、应用及要求等为本节的主要概述内容，为选用运动训练的基本操作方法提供了科学的理论指导。

（一）完整训练法

1.完整训练法释义

完整训练法是指从技术动作或战术配合的开始到结束，不分部分和环节，完整地进行练习的训练方法。运用完整训练法便于运动员完整地掌握技术动作或战术配合；保持技术动作或战术配合的完整结构和各个部分之间的内在联系。

2.完整训练法的应用

完整训练法可用于单一动作的训练，也可用于多元动作的训练；可用于个人成套动作的训练，也可用于集体配合动作的训练。当用于单一动作的训练时，要注意各个动作环节之间的紧密联系，注意逐步提高训练的负荷强度，提高完整练习的质量。用于多元动作的训练时，在完成好各单个动作的同时，要特别注意掌握多个动作之间的串联和衔接。

用于个人成套动作的训练时，可根据练习的不同目的而有不同的要求。在着重提高动作质量时，可在成套动作中途要求运动员停止练习，指出问题，加深印象，重练改进；在着重发展完成全套动作的参赛能力时，则不必拘泥于个别动作细节完成质量的情况，而强调流畅地连续演示全套动作。

用于集体配合战术的训练时，应以一次配合最终的战术效果为训练质量的评价标准，更密切地结合实践要求，灵活地组织完整的战术训练。

（二）分解训练法

1.分解训练法释义

分解训练法是指将完整的技术动作或战术配合过程合理地分成若干个环节或部分，然后按环节或部分分别进行训练的方法。运用分解训练法可集中精力完成专门的训练任务，加强主要技术动作和战术配合环节的训练，从而获得更高的训练效益。当技术动作或战术配合过程较为复杂，可予以分解，且运用完整训练法又不易使运动员直接掌握的情况下，或者技术动作、战术配合的某些环节需要较为细致的专门训练时，常采用分解训练法。

2.分解训练法的类型

分解训练法的基本类型主要有四种，即单纯分解训练法、递进分解训练法、顺进分解训练法和逆进分解训练法。

3.分解训练法的应用

（1）单纯分解训练法的应用

应用单纯分解训练法，需首先把训练内容分成若干部分，分别学习、掌握各个部分或环节的内容，再综合各部分进行整体学习。这种方法在技术和战术的学习与训练中被广泛采用。分解训练法对练习的顺序并不刻意要求。例如：采用此法进行标枪技术的训练，可将整个标枪技术过程分解成三个部分，即持枪加速跑、最后交叉跑和原地挥臂投掷。训练进程是：可先训练“持枪加速跑”；掌握后再训练“交叉跑”；掌握后再训练“原地挥臂投掷”；也可先练习“原地挥臂投掷”，再练“持枪加速跑”，然后练“交叉跑”。最后把三部分合起来进行完整训练。再如：采用此法进行排球快球掩护下的平拉开战术的训练，可将整个战术分解成四个部分，即接发球、快球掩护、传平拉开球和扣球。不论采用何种训练进程，应该先使运动员分别掌握这四种技术，再完整地进行快球掩护下的平拉开战术训练。

单纯分解训练法的应用特点是：分解的技术动作和战术配合相对复杂，分解后的各个部分可以单独训练。练习的顺序不必特别要求，便于教练安排训练。

（2）递进分解训练法的应用

应用递进分解训练法，需把训练内容分成若干部分，先训练第一部分；掌握后，再训练第二部分；掌握后，将第一、第二部分合起来训练；掌握两部分后再训练第三部分；掌握后，将三部分合起来训练；如此递进地训练，直到完整地掌握技术或战术。

该方法虽然对练习内容各个环节的练习顺序并不刻意要求，但对相邻环节的衔接部分则有专门的要求。例如：采用此法进行标枪训练时，其训练进程：可先训练“持枪加速跑”；掌握后再进行“交叉跑”的训练；而后，将“持枪加速跑”与“交叉跑”两个环节进行合成训练。掌握后再训练“原地挥臂投掷”；掌握后再把三部分合成起来进行完整训练。

(3) 顺进分解训练法的应用

应用顺进分解训练法，需要把训练内容分成若干部分，先训练第一部分；掌握后，再训练第一部分和第二部分；掌握后，再将三个部分一起训练；如此步步前进，直至完整地掌握技术或战术。例如：采用此法进行标枪训练的训练进程是：先训练“持枪加速跑”；掌握后再训练包括“持枪加速跑”环节及“交叉跑”环节，使其衔接为一体；掌握后再训练“持枪加速跑”“交叉跑”和“原地挥臂投掷”动作，直至掌握完整的标枪技术。

顺进分解训练法的应用特点是：训练内容的进程与技术动作、战术配合过程的顺序大体一致；后一步骤的练习内容包括前一部分的内容。应用该方法便于建立技术动作过程和战术配合过程的完整概念，形成良好的动力定型和战术意识。

(4) 逆进分解训练法的应用

逆进分解训练方法与顺进分解训练方法相反，应用时把训练内容分成若干部分，先训练最后一部分，再逐次增加训练内容到最前一部分；如此进行直至掌握完整的技术或战术。例如：采用此法进行标枪技术训练的训练进程是：先训练“原地挥臂投掷”；掌握后再结合“原地挥臂投掷”训练“交叉步”；掌握后再将“原地挥臂投掷”“交叉步”与“持枪加速跑”串成一体训练。直至掌握完整的标枪技术。逆进分解训练法的应用特点是：训练内容的进程与技术动作、战术配合过程的顺序恰恰相反，多运用于最后一个环节为关键环节的技术和战术的训练，如投掷、扣杀、踢踹等动作。

（三）重复训练法

1.重复训练法释义

重复训练法是指多次重复同一练习，两次（组）练习之间安排相对充分休息的练习方法。

通过同一动作或同一组动作的多次重复，经过不断强化运动条件反射的过程，有利于运动员掌握和巩固技术动作；通过相对稳定的负荷强度的多次刺激，可使机体尽快产生较高的适应性机制，有利于运动员发展和提高身体素质。构成重复训练法的主要因素有：单次（组）练习的负荷量、负荷强度及每次（组）练习之间的休息时间。休息的方式通常有静止、肌肉按摩或散步。

2.重复训练法的类型

依单次练习时间的长短，可将重复训练法分为：短时间重复训练方法、中时间重复训练方法和长时间重复训练方法三种类型。

3.重复训练法的应用

（1）短时间重复训练方法的应用

短时间重复训练方法普遍适用于磷酸盐系统供能条件下的爆发力强、速度快的运动技术和运动素质的训练。例如：排球运动单个扣球技术动作的练习或传（挡、推、截）球与扣（抽）球技术的组合动作的练习，田径运动跨栏技术的分段或全程练习，拳击运动中各种方式的勾拳、直拳练习，足球运动中单个射门技术动作的练习与传、接、投、掷（踢）技术动作组合的练习，表现性项群中各种基本技术或高、难技术动作的组合练习等，都可以采用该方法进行训练。所有体能主导类力量性、速度性运动项群的技术、素质训练，以及所有的技能主导类对抗性和表现性运动项群的高、难、强技术的训练和有关的速度素质和力量素质的发展，都以此为主要训练方法。

短时间重复训练方法的应用特点是：一次练习的负荷时间短（约在30秒内），负荷强度大，动作速度快，间歇时间充分，单一动作或组合动作的各个环节前后稳定。间歇过程多采用肌肉按摩放松方式，以便能尽快促使机体恢复机能。重复次数和组数相对较少。可有效地提高负荷强度很高的单个技术动作或组合技术动作的熟练性、规范性和技巧性；可有效地提高该类运动项目运动员的磷酸盐系统的储能和供能能力；可有效地提高运动员有关肌群的收缩速度和爆发力。

（2）中时间重复训练方法的应用

中时间重复训练方法普遍适用于糖酵解供能条件下的运动技术、4战术和素质的训练。如隔网性运动项群中多数技、战术串联技术动作的重复练习或强度适中的单一技术动作的重复练习，同场性运动项群中爆发力较强、速度较快的单个技术动作的练习或由此类技术为主所构成的组合技术动作的重复练习，格斗性运动项群中任何一种连续进行的格斗练习或以该类技术动作为主所构成的组合技术动作的练习，难美性运动项群中成套动作训练等都可以采用该方法进行训练。中时间重复训练方法还普遍适用于运动员学习、行程和巩固运动强度较低的运动技术，适用于运动员掌握局部配合的运动战术。同时，该方法同样普遍适用于比赛成绩为30秒~2分钟的体能主导类运动项群的技术和素质的练习。当然，对该类项群的训练，还应辅以短、长时间的重复训练方法。

中时间重复训练方法的应用特点是：一次练习的负荷时间应较长，通常为30秒~2分钟；练习时，负荷时间可略长于主项比赛时间或负荷距离可略长于主项比赛距离；负荷强度应较大（负荷心率应在180次/分钟以上）并与负荷时间呈现负相关性；单一练习动作的各个环节或组合技术的基本结构应前后稳定；能量代谢主要由糖酵解供能系统完成；间歇时间应当充分。间歇方式应采用慢跑深呼吸以及按摩放松方式进行，以便能尽快清除体内乳酸。可以有效地提高运动员糖酵解供能系统的储能和供能能力以及糖酵解供能为主条件下的速度耐力和力量耐力、技能主导类运动项目中各种技术衔接与串联的熟练性、规范性、稳定性以及机体的耐乳酸能力。

(3) 长时间重复训练方法的应用

长时间重复训练方法主要适用于无氧、有氧混合供能系统条件下的运动技术、战术、素质的训练工作。如技能主导类运动项群多种技术、战术的串联练习、连续攻防的对抗练习、组合技术的重复练习以及一次负荷持续时间为2~5分钟的各种运动素质的练习等，都可采用此法训练。该方法同样适用于难度不大、负荷不高、技巧性强的单一技术动作的训练或难度不大的组合技术动作的练习。还适用于体能主导类（2~5分钟）耐力性运动项群的技术、素质的练习。亦可长时间使用重复训练方法或持续训练方法。

长时间重复训练方法的应用特点是：一次练习过程的负荷时间更长，通常为2~5分钟；技能主导类项群技术动作的练习种类较多，同时参与技术、战术训练的人数较多，战术攻防过程转换次数较多，训练的实战环境气氛较浓，组织难度增大；负荷时间略长于主项比赛时间或负荷距离略长于主项比赛的距离；负荷强度与负荷时间呈现负相关性；无氧和有氧混合供能性质明显。一次练习完毕后，间歇时间应当十分充分，这样可有效地提高该类运动项目运动员的无氧、有氧混合代谢的能力，无氧、有氧混合代谢供能状态下的速度和力量耐力，以及各种技术应用的熟练性和耐久性。在实践中，长时间重复训练法与间歇训练法、持续训练法和变换训练法的有机结合，可以更好地提高训练效果。

（四）间歇训练法

1.间歇训练法释义

间歇训练法是指对多次练习时的间歇时间作出严格规定，使机体处于不完全恢复状态下，反复进行练习的训练方法。20世纪50年代，德国心脏学家赖因德尔和教员格施勒提出间歇训练理论，认为训练时心率达170~180次/分钟，间歇后心率达100~125次/分钟时再进行训练，这样有利于增强心脏功能。因此，间歇训练法又称为格施勒-赖因德尔定律。该训练法优点在于练习期间及中间间歇期间均能使心率维持在最佳范围之内，改善心泵功能。90年代初应用扩大，效果显著。通过严格的间歇训练过程，可使运动员的心脏功能得到明显的增强；通过调节运动负荷的强度，可使机体各机能产生与有关运动项目相匹配的适应性变化；通过不同类型的间歇训练，可使糖酵解代谢供能能力，或磷酸盐与糖酵解混合代谢的供能能力，或糖酵解与有氧代谢混合供能能力，或有氧代谢供能能力得以有效地发展和提高；通过严格控制间歇时间，有利于运动员在激烈对抗和复杂困难的比赛环境中稳定、巩固技术动作；通过较高负荷心率的刺激，可使机体缓冲乳酸能力得到提高，以确保运动员在保持较高强度的情况下具有持续运动的能力。

2.间歇训练法的类型

间歇训练法的基本类型主要分为三种，分别是高强性间歇训练方法（是发展乳酸能代谢系统的供能能力、磷酸盐与乳酸能混合代谢系统的供能能力的一种重要训练方法)、强化性间歇训练方法（是发展乳酸能代谢系统与有氧代谢系统混合供能能力以及心脏功能的一种重要训练方法）和发展性间歇训练方法（是发展有氧代谢系统供能能力、有氧代谢下的运动强度以及心脏功能的一种重要训练方法)。高强性间歇训练、强化性间歇训练（A、B型)、发展性间歇训练。高强性间歇训练时间小于40秒，心率190次/分钟恢复为120~140次/分钟，强度大，间歇很不充分，以糖酵解供能为主的混合代谢供能。强化性间歇训练A型训练时间为40~90秒，心率180次/分钟恢复为120~140次/分钟，强度大，间歇不充分；B型训练时间为90~180秒， 心率170次/分钟恢复为120~140次/分钟，强度较大，间歇不充分，以糖酵解供能为主的混合代谢供能。发展性间歇训练时间大于5分钟，心率160次/分钟恢复为120次/分钟，强度中等，间歇不充分。间歇方式均为走和轻跑，以有氧代谢为主的混合代谢供能。

3.间歇训练法的应用

（1）高强性间歇训练方法的应用

高强性间歇训练方法是发展糖酵解供能系统的供能能力、磷酸盐与糖酵解供能混合代谢系统的供能能力的一种重要训练方法。该方法不仅适用于体能主导类速度性和耐力性运动项群的素质、技术的训练，同时适用于技能主导类对抗性运动项群中的攻防技术或战术的练习。如同场性运动项群中连续跑动进行的攻防技术练习或连续跑动的“人盯人”防守技术的练习，隔网性运动项群中网前连续进行的攻防技术练习，格斗性运动项群中各种勾拳、直拳的组合练习或抱摔练习以及表现性运动项群中的各种组合练习都可以采用该方法进行。自然，技能主导类运动项群为发展糖酵解供能系统的供能能力、磷酸盐与糖酵解供能混合代谢系统的供能能力，也可采用此方法进行身体训练。高强性间歇训练法是体能类速度性和耐力性运动项群的主要训练方法之一。

高强性间歇训练方法的应用特点是：一次练习的负荷时间较短（40秒之内)；负荷强度大，心率多在每分钟190次左右；间歇时间极不充分，以心率下降至每分钟120次左右为开始下一次练习的确定依据；练习内容多为单个技术或组合技术；练习的动作结构基本稳定；能量代谢主要启用磷酸盐系统以及糖酵解供能系统。可有效地提高运动员在该两类系统供能条件下的速度耐力和力量耐力，以及糖酵解供能状态下技术、战术运用的规范性、稳定性和熟练性。

（2）强化性间歇训练方法的应用

强化性间歇训练方法是发展糖酵解供能代谢系统与有氧代谢系统混合供能能力以及心脏功能的一种重要训练方法。该方法适用于一切需要这种混合系统供能能力和良好心脏功能的竞技运动项目的技术、战术及素质的训练工作。该方法的练习动作或是单一结构的动作练习，或是各种负荷强度不同的技术动作的组合练习，或是某种战术形式的组合练习，抑或是多种战术混合运用的配合练习。如同场性运动项群中局部攻防战术的配合练习；格斗性运动项群中拳击的各种勾拳、直拳练习和摆拳与直拳的组合技术动作练习等都可以采用该方法进行。同样，表现性运动项群中的组合练习或成套技术动作的练习也可以采用该方法进行。强化性间歇训练方法对于体能主导类速度耐力或力量耐力类运动项群意义十分重大，如800米、1500米跑，200米、400米游泳，500米划船等运动都广泛运用此方法进行训练。

强化性间歇训练方法的应用特点是：对体能主导类运动项群来讲，一次练习的负荷时间略长于主项比赛时间（约为100~300秒），负荷强度通常略低于主项比赛强度的5%~10%，心率控制在每分钟170次或180次左右即可，间歇时间以心率下降至每分钟120次为开始下一次练习的确定依据，动作结构前后稳定。身体素质的训练亦是如此。对于技能类型运动项群来讲，技术动作种类较多，动作练习多为组合技术，技术动作的负荷强度较高，负荷性质多为力量耐力性和速度耐力性。负荷时间较长，其中，A型强化性间歇训练有利于提高负荷强度较高的运动技术、战术运用的数量程度，有利于提高以糖酵解供能为主的供能能力以及该供能状态下的力量耐力素质；B型强化性间歇训练有利于提高负荷强度适中的运动技术、战术运用的熟练程度，有利于提高有氧、无氧混合代谢系统的供能能力以及次供能状态下的力量耐力素质。强化性间歇训练方法十分强调严格控制间歇时间，强调启用糖酵解供能系统或以其为主的混合代谢系统供能。每次练习的次数（组数），因人而异。可有效地提高该项群运动员的糖酵解供能系统、混合供能的能力及此种供能状态下运动员有关肌群的速度耐力、力量耐力和技术运用的稳定性，使之体能与机能同步、协调、高度地发展，以便适应实际比赛的需要。

（3）发展性间歇训练方法的应用

发展性间歇训练方法是发展有氧代谢系统供能能力、有氧代谢下的运动强度以及心脏功能的一种重要训练方法。发展性间歇训练方法适用于需要较高耐力素质的运动项群的训练工作。体能主导类耐力性项群运动运用此方法的最多。在技能主导类运动项群中，该方法通常运用于减少人数且比赛时间分解成阶段性的连续攻防训练的过程中。例如：足球运动中的“三对三”攻防转换练习可以采用此方法练习。格斗对抗性运动项群中的体能训练和“一对二”的轮番格斗训练也可以采用此方法进行。表现难美性运动项群中的各种低强度的技术动作所编排的组合练习和有氧健身也可以采用此方法进行练习。技能主导类项群中以发展有氧耐力为目的的身体素质的训练也常用此方法进行。

发展性间歇训练方法的应用特点是：一次练习的负荷时间较长，负荷时间至少应在5分钟以上，负荷强度控制在平均心率160次/分钟左右，一次持续练习的动作种类可以单一，亦可多元，可以以有氧代谢系统为主。在实际训练过程中，为了提高耐力训练水平，教练员通常将发展性、强化性间歇训练同持续训练法结合应用，根据负荷强度的分级标准进行训练。

（五）持续训练法

1.持续训练法释义

持续训练法是指负荷强度较低、负荷时间较长、无间断地连续进行练习的训练方法。练习时，平均心率应为每分钟130~170次。持续训练主要用于发展一般耐力素质，并有助于完善负荷强度不高但过程细腻的技术动作，可使机体缓冲运动机能在较长时间的负荷刺激下产生稳定的适应性，内脏器官产生适应性的变换；可提高有氧代谢系统供能能力以及该供能状态下有氧运动的强度；可为进一步提高无氧代谢能力及无氧工作强度奠定坚实的基础。

2.持续训练法的类型

根据训练时持续时间的长短，持续训练法可分为三种基本类型，短时间持续训练法、中时间持续训练法和长时间持续训练法。

3.持续训练法的应用

（1）短时间持续训练法的应用

短时间持续训练法广泛应用于体能主导类项目的运动素质训练之中，也适用于技能主导类运动项群中动作强度较高的素质、技术和战术的训练工作。例如：同场性运动项群中接球、运球、传球、射门（投篮）等组合技术的攻防战术练习，可采用此方法进行训练。

短时间持续训练法的应用特点是：一次持续练习的负荷时间相对较短（约为5~10分钟），负荷强度相对较高，平均心率负荷指标控制在每分钟170次左右；练习动作可以单一亦可多元；练习动作的组合可以固定亦可变异；练习过程不中断。

（2）中时间持续训练法的应用

中时间持续训练法普遍适用于技能主导类运动项群各个项目中多种技术的串联、攻防技术的局部对抗、整体配合战术或技术编排成套的技术或战术训练，以及体能主导类耐力性运动项群训练。在实践中，中时间持续训练方法具有两种典型的练习形式，即匀速持续训练和变速持续训练。其中，匀速持续训练是一种典型的以发展有氧代谢系统供能能力为目的的训练方法。该方法的负荷强度与负荷时间，因具体运动项目的比赛距离不同而有所差异。其特点是运动强度相对较低，负荷强度变化较小，运动速度相对均匀，运动过程不中断，练习动作相对稳定，负荷强度一般为心率每分钟160次左右，人体能量消耗较小。

中时间持续训练法的应用特点是：技术动作可以单一亦可多元，平均强度不大，负荷时间相对更长，以有氧代谢系统供能为主。一组练习的持续负荷时间至少应为10分钟以上。负荷强度心率指标为平均每分钟160次左右。体能主导类项群广泛用于发展耐力素质。在技能主导类项群中采用此方法应技术娴熟、战术明确，技术动作负荷搭配合理，并确保训练过程不中断。此种方法可有效地提高以有氧代谢系统供能为主的代谢能力和该供能状态下的运动强度，也可有效地提高该供能状态下所表现出来的专项耐力，有效地提高技术应用的稳定性和抵御疲劳的耐久性。

（3）长时间持续训练法的应用

长时间持续训练法对于体能主导类耐力性运动项群具有直接训练的价值。实践中，长时间持续训练方法具有三种典型变化形式，即匀速持续训练、变速持续训练和法莱克训练。

长时间持续训练法在技能主导类运动项群中的应用领域相对不广，这主要是因为长时间持续训练方法的应用目的是发展一般耐力，过分地采用长时间持续训练法训练，不仅无助于技能类运动项群运动成绩的提高，甚至有可能引起机能的不良迁移或阻碍主要专项运动素质的发展。因此，该方法只作为技能主导类的运动项群中一项辅助性的练习。

（六）变换训练法

1.变换训练法释义

变换训练法是指变换运动负荷、练习内容、练习形式以及条件，以提高运动员的积极性、趣味性、适应性和应变能力的一种训练方式。变换训练法是根据实际比赛过程的复杂性、对抗程度的激烈性、运动技术的变异性、运动战术的变化性、运动能力的多样性以及中枢神经系统的灵活性等一般特性而提出的。通过变换运动负荷，可使机体产生与有关运动项目相匹配的适应性变化，从而提高承受专项比赛时不同运动负荷的能力。通过变换练习，可使运动员不同运动素质、技术、战术得到系统的训练和协调发展，从而使之具有更接近时间比赛需要的多种运动能力和实际应用的应变能力。

2.变换训练法的类型

依变换的内容可将变换训练法分为三种，即负荷变换训练法、内容变换训练法和形式变换训练法。

3.变换训练法的实践应用

（1）负荷变换训练法的应用

负荷变换训练法是一种功能独特的重要训练方法，不仅适用于身体训练，也适用于技术、战术训练。在实践中，负荷的变换主要体现在负荷强度或负荷量的变换上。由于负荷强度与负荷量的变化具有四种不同搭配形式，因此，负荷变换的训练方式是多种多样的。一般有：

①负荷强度与负荷量均保持恒定的搭配形式。

②负荷强度恒定、负荷量变化的搭配形式。

③负荷强度变化、负荷量恒定的搭配形式。

④负荷强度与负荷量均有变化的搭配形式。

负荷变换训练法的应用特点是：降低负荷强度，有利于学习掌握运动技术。提高负荷强度和密度，可使机体适应比赛的需要。

（2）内容变换训练法的应用

内容变换训练法是技能主导类运动项群中广泛应用的一种重要训练方法。一般认为，内容变换训练法适用于技能主导类对抗性运动项群中各种技术串联的练习，或者某种单个基本技术的各种变化练习，或者基本技术组合的变换练习，或者某种战术打法中几种方案的变换练习，或者多种战术混合运用的变换练习等。该方法也适用于难美性运动项目的技术动作的组合练习。而对机能主导类运动项群，内容变换训练方法较多应用于身体训练。

内容变换训练法的应用特点是：练习内容的动作结构可为变异组合，亦可为固定组合，练习的负荷性质符合专项特点，练习内容的变换顺序符合比赛的规律，练习动作的用力程度符合专项的要求。

（3）形式变换训练法的应用

形式变换训练法的运用主要反映在场地、路线、落点和方位等条件或环境的变换上。例如：隔网类运动项群中的发球练习，在负荷、动作大体一致的情况下，可以发出各种不同直线、斜线、前排、后排的球。又如：训练场所的变换，在时空感觉方面往往促使技能主导类运动项群的运动员对不同空间及环境的比赛场地产生适应。因此，形式变换训练法在竞技运动的训练过程中具有广泛的应用价值。

形式变换训练法的应用特点是：通过变换训练环境、训练气氛、训练路径、训练时间和练习形式进行训练。通过变换训练形式，使各种技术更好地衔接起来，对运动员产生新的刺激，激发训练情绪，促使神经系统处于良好的准备状态，使运动员产生强烈的表现欲望，提高训练质量。

（七）循环训练法

1.循环训练法释义

循环训练法是指根据训练的具体任务，将练习手段设置为若干个练习站，运动员按照既定顺序和路线，依次完成每站练习任务的训练方法。运用循环训练法可有效地激发训练情绪、累计负荷“痕迹”、交替刺激不同体位。循环训练法的结构因素有：每站的练习内容、每站的运动训练负荷、练习站的安排顺序、练习站之间的间歇、每遍循环之间的间歇、练习的战数与循环练习的组数。运用循环训练法可以有效地提高不同层次和水平运动员的训练情绪和积极性；可以合理地增强，因人制宜地加以调整，做到区别对待；可以防止局部负担过重，延缓疲劳的产生，并有利于全面身体训练。实践中，循环训练法中所说的“站”是练习点，如果一个循环内的“站”数中，有若干个练习点是以一种无间歇方式衔接，那么这几个练习点的集合可称为练习“段”。因此，考虑循环练习的顺序时，有时应以练习“站”为单位，有时则应以练习“段”为单位。

2.循环训练法的类型

依各组练习之间间歇的负荷特征，可把循环训练法的基本类型主要分为三种，即循环重复训练法、循环间歇训练法和循环持续训练法。

三种循环训练法的组织形式共有三类：流水式、轮换式和分配式。其中，流水式循环训练的做法是：建立若干练习站（点）后，运动员按照一定顺序，一站接一站地周而复始地进行单个练习。可以有效地全面发展多种运动能力，并且可使机体各个部位以及内脏器官得到训练。轮换式循环训练的做法是：将运动员分成若干组，各个组运动员在同一时间内在各自的练习站中练习，然后，按照规定要求，依次轮换练习站。可以有效地集中发展某一运动机能和机体的某一部位，使身体局部产生深度反应。分配式循环训练的做法是：设立较多的练习站，然后根据运动员具体情况指定每名运动员在特定的若干练习站内训练。

3.循环训练法的应用

（1）循环重复训练法的应用

循环重复训练法是指按照重复训练法的要求，对各个站之间和各组循环之间的间歇时间不作特殊规定，以使机体得以基本恢复，可全力进行每站或每组循环练习的方法。该方法既可用于技术训练，也可用于素质训练，是竞技运动常用的训练方法之一。例如：在篮球运动训练中，可将跑动接球、运球过人、急停跳投和冲抢补篮等作为练习站实施循环重复训练。或者将各个练习站两两结合并成几个有机相连的练习“段”，实施循环练习。

循环重复训练法的应用特点是：可将各种练习设置成若干个练习站，练习动作应熟练规范，练习顺序符合比赛的特定，间歇时间较为充分。持续两组练习后进行一次长间歇。该方法的应用目的是：提高高强度技术动作的规范性和熟练性；提高攻防过程中的对抗性；并将技术动作和运动素质与代谢系统的训练融为一体，使之共同提高；提高该类运动项目运动员的磷酸盐系统的储能和供能能力；提高该类运动项目运动员有关肌群的收缩速度和爆发力。

（2）循环间歇训练法的应用

循环间歇训练法使之按照间歇训练法的要求，对各个站和各组之间的间歇时间作出特殊规定，以使机体处于不完全恢复的状态下进行练习的方法。该法常用于发展运动员体能，亦用于协调发展技术、战术和素质之间的有机联系。

循环间歇训练法的应用特点是：将各种练习设置为若干个练习站，每个练习站的负荷时间至少30秒，站与站之间的间歇较不充分。循环组间的间歇可以充分，亦可不充分。该方式的应用目的是：有效地提高该类项目运动员糖酵解系统及其与有氧代谢系统混合供能的能力；有效地提高该供能状态下的速度耐力及力量耐力。

（3）循环持续训练法的应用

循环持续训练法是指按照持续训练法的要求，各站和各组之间不安排间歇时间，用较长时间进行连续练习的方法。该法在竞技运动训练中的应用极其广泛。如将同场对抗性运动项目中的运球、传球、接球、投篮（射门）或跑步、接球、投篮（射门）或跑步、策应、传球、投篮（射门）等练习内容设定为练习站并编排成组合技术（联系段），进行5~10分钟的较高强度的循环持续训练，或在联合训练器上进行持续循环训练，都是循环持续训练法的具体应用。

循环持续训练法的应用特点是：各练习站有机联系，各个练习的平均负荷强度相对较低，各组循环内各站之间无明显中断，一次循环的持续负荷时间至少应在8分钟以上，甚至更长。负荷强度高低交替搭配进行。循环之间的间歇时间可有也可无，循环组数相对较多。上下肢练习、前后部练习顺序的配置或集中安排或交替进行。组织方式可采用流水式或轮换式。运用此方法可提高运动员持久的对抗能力、运动员攻防技术的转换能力、疲劳状态下连续作战的能力以及有氧工作强度；可提高有氧代谢系统供能的能力、有氧工作强度以及有氧代谢供能状态下的力量耐力。

（八）比赛训练法

1.比赛训练法释义

比赛训练法是指在近似、模拟或真实、严格的比赛条件下，按比赛的规则和方式进行训练的方法。比赛训练法是根据人类先天的竞争和表现意识、竞技能力形成过程的基本规律和适应原理、现代竞技运动的比赛规则等因素而提出的一种训练法。运用比赛训练法有助于运动员全面并综合地提高专项比赛所需要的体、技、战、心、智各种竞技能力。

2.比赛训练法的类型

依比赛的性质可将比赛训练法分为四种，即教学性比赛方法、检查性比赛方法、模拟性比赛方法和适应性比赛方法。

3.比赛训练法的应用

（1）教学性比赛方法的应用

教学性比赛方法是指在训练条件下，根据教学的规律或原理、专项比赛的基本规则或部分规则，进行专项练习的训练方法。例如，运动队内部队员之间的对抗性教学比赛，不同运动队运动员之间的邀请性教学比赛，不同训练程度运动队运动员之间的让先性教学比赛，部分基本技术、战术的对抗性教学比赛等，都可视为是教学性比赛训练方法的应用。

教学性比赛方法的应用特点是：可采用部分比赛规则进行局部配合的训练；比赛环境相对封闭，便于集中精力训练；比赛过程可以人为中断以便指导训练；运动员的心理压力小，利于正常发挥技术水平；可激发运动员的训练激情、提高运动负荷强度；系统提高运动技术衔接和串联的熟练程度；强化局部或整体配合的密切程度；协调发展不同训练程度运动员的竞技能力；激励运动员产生强烈的竞争意识，从而更好地挖掘运动员的潜力。

（2）检查性比赛方法的应用

检查性比赛方法是指在模拟或真实的比赛条件下，严格按照比赛规则，对赛前训练过程的训练质量进行检验的训练方法。检查性比赛方法适用的范围很广，包括专项运动成绩、主要影响因素、运动负荷能力、运动技术质量及训练水平检查性比赛等。由于检查性比赛是在比赛或类似比赛的条件下进行训练质量的检查，因此较易发生问题。所以，有经验的教练员才可采用此方法训练。

检查性比赛方法的应用特点是：可采用正式比赛规则的全部或部分进行比赛；比赛环境可以封闭或开放；运动员的心理压力较大；可以设置检查设备进行赛况监控。检查性比赛方法主要应用于检验运动训练的质量，寻找薄弱环节，分析失利因素，提出解决问题的方案，提供改进训练工作的反馈信息。

（3）模拟性比赛方法的应用

模拟性比赛方法指在训练的条件下，模拟真实比赛的环境和对手，并严格按照比赛规则进行比赛的训练方法。模拟性比赛方法在技能主导类对抗性运动项群中被经常采用。如技术动作的模拟比赛、运动战术的模拟比赛和比赛环境的模拟比赛等，从实战出发，有针对性地培养运动员的实战能力。应用运动模拟比赛训练方法时，模拟比赛环境中的不良因素对于提高运动员的竞技能力是至关重要的。

因为比赛环境中的不良因素，诸如比赛噪声、观众起哄、裁判偏袒、对手干扰、组织紊乱、赛程变更、气候变化等，都可能明显地破坏运动员的比赛情绪，影响其运动水平的正常发挥。因此，有意识地在训练过程中采用此法，可以有效地提高运动员排除不良因素干扰的能力，从而有利于运动员逐步形成心定、心静、心细的竞技心理，为重大比赛中运动技术的正常发挥奠定心理基础。另外，应当特别注意认真培养或挑选“模拟对手”，以便针对性地提高运动员面对不同对手的实战能力。我国女子对抗性运动项群各个运动项目迅速发展的一个重要原因，就是通过借助运动水平较高的男子“模拟对手”的帮助，使女子运动员提高了比赛强度，获得了实战经验，为在重大比赛中取得优异运动成绩奠定了基础。

模拟性比赛方法的应用特点是：比赛环境类似于真实比赛环境，按照比赛规则严格进行，模拟对手类似比赛对手。通过模拟性比赛可提高运动员科学训练的目的性；增强运动员对心理压力的承受力；检验教练员训练指导思想的正确性；加强训练的实战性和针对性；提高对真实比赛状况的预见性。

（4）适应性比赛训练方法的应用

适应性比赛训练方法是指在真实比赛条件下，力求尽快适应重大比赛环境的训练方法。适应性比赛训练方法与模拟性比赛方法的不同在于，前者在正式比赛的环境下进行，后者则在人为模拟比赛环境下进行。适应性比赛训练方法的应用形式较多，如重大比赛前的邀请赛、访问赛、对抗赛以及表演赛等都是适应训练方法的应用形式。在适应性比赛前应有一套完整的赛前准备、赛中实施及赛间调整的方案。一般地说，赛前准备方法应当促使运动员产生并形成与重大比赛相适应的心态；赛中实施方案应当促使运动员能够预见并防范赛中不良因素干扰的心态；赛中调整方案应当促使运动员能够善于调整不良情绪和稳定已有的良好心态，从而使运动员通过适应性比赛过程，培养出完整的良好比赛素质。

适应性比赛方法的应用特点是：在重大比赛之前，在真实的比赛环境下，按照比赛的规则，与真实的对手或类似真实的对手进行比赛。以尽快促进各个竞技能力因素实现高质量匹配，促使运动员产生旺盛的竞争欲望，发展影响重大赛事成绩的关键问题，形成与重大比赛相适应的最佳竞技状态。

第五节　运动训练问题及解决方法

一、典型运动项目训练问题及解决方法

在平时的训练中，常常遇到难以解决的问题，也是大家公认的技术难题，下面列举几项比较典型的问题及解决办法，希望能对广大教师有所帮助。

（一）短跑起跑问题及解决方法

短跑的起跑速度是由反应速度和动作速度决定的，集中精力是短跑起跑的关键因素。短跑运动员在比赛中往往存在求胜心切、害怕失败的心理问题，有的运动员存在强烈的侥幸心理，试图“压枪”起跑，这很容易造成起跑犯规。教师应该在平时的训练中，多想办法，反复训练，使学生掌握良好的起跑技术。解决此类问题主要有以下几种方法：第一，采用“过电影”的方法，通过意想，达到思想高度集中的效果，预想起跑的全过程，反复练习，避免思想不集中。第二，教师有意地变换起跑口令的节奏，时长时短，让学生屏住呼吸，集中注意力，多次练习。第三，教师故意降低发令的声音，锻炼学生的反应能力，反复练习。第四，提高干扰强度，故意制造噪声，并在这些人为不利的条件下，让学生反复练习起跑。

（二）跨栏跑难点及解决方法

跨栏跑是田径运动项目中难度较大的。由于跨栏跑的技术不能分解，因此必须采用完整教学法，才能让学生掌握动作技术。把握好跨栏跑的节奏，不断完善跨栏跑技术需要注意以下几点：第一，观看电视录像，看完整动作，建立动作概念。第二，放置标志物，练习栏间步，距离由近及远，逐渐到标准距离。第三，过简易的障碍物，高度由低到高，逐渐到标准高度。第四，在完全符合标准的情况下，完整练习。

（三）投掷标枪的技术难点及解决方法

投掷标枪开始时，枪尖远离头部的问题。解决方法：教师可以让学生握竹竿作为引枪，辅助练习，教师在学生的身后帮助学生调整枪的位置，让学生掌握持枪臂的正确位置，注意手腕外旋，让学生加几步助跑后，再做投掷练习、上步练习和助跑轻投器械的练习。在投枪前，持枪臂的位置较低的问题。解决方法：教师可以引导学生反复练习原地持枪，教师站在学生的身后，控制枪的方向，帮助学生解决持枪臂位置偏低的问题，找到正确位置，掌握正确的动作。最后用力时，未能形成“满弓”动作的问题。解决方法：教师可以引导学生持枪做原地拉“满弓”练习，教师站在学生的身后，手抓枪，配合其拉弓动作，如可以用膝盖顶其后腰，让学生体会“满弓”，多做模仿练习，熟能生巧，也可以利用橡皮筋为学生做原地拉“满弓”的模仿练习。仅靠投掷臂力量投掷的问题。这个问题的原因很多，如不会用力，力量没有用到纵轴方向，“满弓”不充分，动作不突出等。解决方法：教师可以建议学生多练习原地投枪，掌握用力顺序，注意“满弓”，超越器械的动作。

（四）投掷铅球的用力问题及解决方法

双脚左右开立，比肩略宽，双手叉腰，上体直立，左右转动，转到腰紧为宜，要求下肢和髋不要动，教师可以用手轻扶学生的髋部，提醒其不要转动。预备动作站立，用力扭紧肌肉，重心投影点在右脚上（以右手持球为例），但双手仍叉腰，学生向前蹬地、转体，这个练习做30次。教师站在学生左后侧，伸出双手，用力顶住学生的左肩，学生转身时，左肩向上顶，眼看上方，快速推出铅球，重点是保证左侧支撑。推铅球最后用力练习。以右手持球为例，重心落到右脚上，右手将球顶在颈部右侧，侧头压住球，协调用力，由下而上用力，转腰、伸臂、拨腕，将球推出。可多做辅助性练习，如徒手的练习、持轻球的练习、完整地练习。背向滑步推铅球，原地推铅球，滑步推铅球，要简单化。

（五）排球接发球的技术难点及解决方法

排球接发球时，要正确选位，两眼目视前方来球，判断准确，及时调整位置，迎接来球，重心适度降低，含胸举臂，主动迎球，两臂夹紧，形成平面，使击球部位准确无误。接发球的关键是判断准确。看准来球的方向及性质，了解球的力量大小，速度是快还是慢，移动脚步要迅速，击球部位应对准来球，主动迎接球。来球力量小时，加力击球；来球力量大时，缓冲接球。

（六）篮球挡拆战术问题及解决方法

挡拆配合是篮球比赛中常用的战术。队员首先要清楚，挡拆中的“挡”是有讲究的，如果不注意动作细节，就会造成犯规，造成挡拆战术失败。根据篮球规则，“挡”的队员原则上要保持静止，并且提前站在“挡”的路线上，两手可以屈臂抬起，保护胸部，如果移动身体去“挡”，就是阻挡犯规。篮球“挡拆”战术的训练需要注意以下几点：第一，无防守情况下的挡拆训练。训练时，队员假设有防守，做挡拆模仿练习，先挡后转身，接球上篮。第二，队员消极防守下的挡拆练习。防守队员消极防守，让进攻队员积极跑动，做挡拆配合，要求挡的队员要死死地把防守者挡在其身后，突然转身，接球上篮。第三，队员积极防守下的挡拆练习。这种练习接近实战，应提高训练的实效性。防守队员因为知己知彼，清楚对手战术，所以可以想办法破坏对手的进攻，如利用换防等手段瓦解对方的进攻。在这种训练中，应重点训练队员的突破、转身、巧妙传球的能力。第四，结合教学比赛，进行挡拆练习。当挡拆配合战术达到比较成熟的地步时，可以结合教学比赛来验证、加强、获得经验积累。第五，固定位置的“挡拆”训练。在训练时，挡拆队员可以站在固定位置上，当队友主动引导防守队员从其身边经过时，完美地完成挡拆配合。只有多多练习，才能熟能生巧，灵活运用。

二、运动负荷的安排问题及调控

（一）运动负荷的安排问题

负荷量和运动量虽然是两个不同的概念，但两者之间存在对立统一的关系。主要表现为因果关系，运动量是原因，负荷量是结果，负荷量是在运动量的作用下人体对运动的反应。运动量与负荷量之间有正比关系和相对关系：正比关系，即运动量越大，负荷量越大；相对关系，即同一运动量如果作用于不同的个体，则引起的负荷反应是不同的。而且同一个体对同一运动量的反应，也会随着锻炼阶段的不同发生变化。因而，在锻炼中应该根据负荷量去安排、调节运动量。但身体对运动负荷的反应是个较复杂的问题。根据目前的认识，锻炼方法中对运动负荷的安排问题，集中于对下列两个因素的选择和调节：第一，确定负荷标准。首先根据不同负荷的价值确定运动负荷的标准。这里首要的原则是因人而异。因为人体的复杂性和个体差异的普遍性决定了很难找出一个统一的标准负荷度。负荷本身不是目的，而是手段，确定负荷标准的前提是锻炼的目的性。不同的锻炼目的会产生不同的负荷标准。由于参加锻炼活动的个体在年龄、性别、身体发育状况以及学习、工作、生活作息制度等条件上都存在着极大的差异，因而对身体有锻炼价值的负荷标准也不能是一个确定的值。从理论上说，通过运动使机体各组织中血液供应达到最大值，而且在不伴随疲劳积累的情况下，可获得增强体质的最佳效果。通常用于衡量这一价值阈的指标，多采用最大心搏量和最大心输出量的生理变化值。其他诸如血压、脉搏、乳酸等生理、生化指标也被大量采用。其中，受到人们重视的指标应当首推脉搏频率。脉搏是指动脉的搏动，脉搏频率简称心率。心率能及时反映出运动负荷引起的生理机能的变化状况，尤其对运动强度的反应比较灵敏，因而，它作为确定运动负荷标准的一种客观指标被广泛采用。第二，确定运动负荷的节奏。从生理学角度讲，运动负荷对机体所产生的良好影响，主要是通过建立机体生物适应过程而实现的。人体生物适应的建立需要两个条件：一是适宜的刺激强度；二是足够的刺激时间。在锻炼过程中，两者具体表现为运动负荷安排的节奏性，即安排运动负荷的顺序和逐步提高的幅度。运动负荷作为刺激物，其强度过小或时间过短，都不能引起机体的应答反应，或者即使引起反应，反应的程度也不会很强。反之，运动负荷的强度过大，超过了机体的适应能力，会使有机体从正常的生理性变化转入危险的病理性变化。人的有机体在完成定量工作时，会出现机能“节省化”的生理现象，标志着机体对某一负荷的适应过程逐步得以建立。这一现象也同时表明，某一负荷标准对机体的作用也逐渐减小。因而，为获得最佳锻炼效果，就必须不断提高负荷量。

（二）运动训练负荷的科学安排与调控

1.运动训练负荷的定性与定量

（1）运动训练负荷的定性

训练负荷的专项性。训练负荷的专项性指训练负荷要与学生的训练水平和比赛要求相符。运动训练过程中，训练负荷的练习分为运动专项练习与运动非专项练习。其中，运动专项练习是提高学生专项运动技战术水平的直接因素。只有加强运动专项训练，才能为学生运动实战水平的提高奠定良好的基础。训练动作的复杂程度。训练动作的复杂程度是专项运动训练中客观存在的内容，是运动训练中运动训练负荷定性的一个重要方面。运动训练实践中，动作复杂程度决定训练负荷的大小。区分训练动作的复杂程度是控制运动训练负荷的依据和需要。需要提出的是，由于运动训练中，学生的许多技能动作并不能预先确定，必须根据场上对手的表现临时作出选择性反应，因此目前对此进行量化评定具有较大的难度。训练负荷的生理改善。确定学生运动训练时机体工作的供能系统是训练负荷定性的内容之一。研究表明，系统的运动训练中，磷酸原和糖酵解供能约占80%，糖酵解和有氧代谢供能约占20%。因此，学生应结合运动专项的训练要求和特点，选择采用无氧代谢、有氧代谢或二者的协调配合来进行训练，也就是以实际情况为依据合理安排训练。

（2）运动训练负荷的定量

内部负荷指标。内部负荷指标指由于学生在训练过程中进行各种身体、技战术训练，训练的负荷使学生有机体内发生一系列生理和生化变化。内部负荷的指标能比较科学、准确地反映有机体在负荷时产生的各种变化，有利于教师根据这种变化掌握和控制训练过程，安排训练负荷。运动训练中，使用内部负荷的指标来测量负荷的方法比较广泛。血压、心率、血乳酸、尿蛋白、氧债、血红蛋白、最大吸氧量等是常用的指标。外部负荷指标。外部负荷指标又称“负荷的外部指标”或“外部负荷”，包括负荷量和负荷强度两个指标。在运动训练中，负荷量的各个指标测定的方法比较简单。例如，统计一次训练课、一个小周期、一个阶段或一年的训练负荷量，只要记录每次训练的时间、次（组）数、移动的总距离和总重量，然后通过累计计算学生单位时间内负荷量的大小即可。机体对负荷强度刺激的反应比较强烈，能较快地提高机体各器官系统的机能水平，所产生的适应性影响较深刻，消退较快。在运动训练中，测量负荷强度的各个指标比较复杂，所以难度也比较大。目前，测量学生外部负荷指标，一般采用记录技战术训练的时间、训练次数、训练难度、训练的激烈对抗程度等方法。不同负荷的判别。运动训练期间，当学生的运动训练内容、训练手段的特点相当稳定时，有机体机能能力表现出来的动态变化就能够被明显地观察到。因此，教师可根据训练实践中学生有机体机能活动性的动态变化来对训练负荷的大小进行判别。一般地，对于运动训练负荷的大、中、小，教师可以客观地按照机体恢复的时间进行判别。研究表明，训练负荷的大、中、小与有机体内环境稳定性的变化紧密相关，并且能具体反映到恢复过程的时间上。通常，小负荷与中负荷后，机体恢复过程的时间通常是几十分钟或几个小时；大负荷后，一般需要较长的时间（可长达数天）才能实现机体的恢复。在运动训练中，教师应结合实际情况对学生的训练负荷大小进行判定，具体可以根据生理学和生物学的指标来判别，也可以采用其他相对间接且客观的指标进行判别。不管使用哪种方法，都要保证准确地判定训练负荷。

2.运动训练负荷的特点与注意事项

（1）科学安排运动训练负荷的特点

科学安排与调控运动训练负荷就是以更科学、更合理的方法安排运动训练负荷，从而实现运动训练水平和运动成绩不断提高的目的。科学安排训练负荷需要遵循负荷、应激与恢复原理，竞技状态的形成与科学调控原理，周期性与节奏性原理，以及竞技能力的训练适应原理等。简单来说，科学调控运动训练负荷就是在训练过程中，教师根据训练的任务及学生的个体情况，按照人体机能的训练适应规律，以大负荷为核心，坚持长期、系统和有节奏地安排运动训练负荷。从概念内容来看，科学安排与调控运动训练负荷具有以下特点：第一，持续增加运动训练负荷，即在学生的运动寿命范围内，不断地增加运动训练负荷。第二，运动训练负荷应该力求在学生肌体可接受的范围内达到最大负荷水平。第三，全年负荷，即要求学生长年不断地进行训练，系统连贯地承受负荷，以不断提高训练水平。第四，负荷的周期性和节奏性，也就是说负荷的安排要有一定的大、中、小节奏，并在全年训练中具有一定的周期性安排的特点，也就是按照“加大—适应—再加大—再适应”的节奏进行安排。第五，负荷的渐进性和跳跃性，它是指在学生长期训练中，应按照逐渐提高与跳跃式发展相结合的方式进行安排。

（2）科学安排与调控负荷的注意事项

第一，在不同训练阶段应采取不同的调控方法。根据负荷因素的基本特征，在训练初期，为了使学生尽快进入运动状态，通常以增加负荷量的方法来尽快实现学生肌体的适应。在专项训练阶段，以提高负荷强度刺激的方法来实现学生的机体适应。第二，选择合理的负荷内容和手段。教师应按照不同运动项目、训练内容、训练手段的负荷特征和不同训练任务选择相对应的训练内容和手段。学生参与的具体竞技运动项目不同、训练目的不同，教师所安排的训练负荷应有所区别。第三，负荷方案最佳综合设计。在运动训练过程中，教师要根据各对应性负荷结构的特征及相互间的关系，进行负荷方案的最佳综合设计。特别是要注意负荷量、负荷强度与总负荷，内部负荷与外部负荷，生理、心理与智力性负荷，以及训练负荷与比赛负荷的综合设计。第四，按照学生个体特点确定运动训练负荷。教师要通过科学的训练诊断，对学生的个体特点加以了解，科学确立符合他们个体特点的个体负荷模型。第五，注意负荷安排的长期性、系统性。在进行运动训练时，教师要根据连续负荷中疲劳的正常积累与过度疲劳之间的关系，对多年、年度、周及每一次课的训练过程的负荷进行对应的安排，使不同训练阶段的运动训练负荷能够连贯起来，促进学生运动水平的逐步提高。第六，重视运动训练负荷的节奏性。教师要把大负荷训练与减量训练结合起来，使之形成最佳的负荷节奏，进而促使学生取得最佳的运动成绩。第七，合理增加运动训练负荷。根据训练任务和训练对象，逐步、有节奏地加大运动训练负荷，直至最大限度，但在竞走运动训练过程中，运动训练负荷的安排不宜过大，应以提高单位训练时间里最大的效益为准则。运动训练负荷的增加应当在学生适应原有负荷的基础上进行，只有这样才能取得较好的训练效果。第八，注意处理好负荷量、负荷强度与总负荷的关系。教师要按照运动项目特点、训练和比赛任务、个体特点等因素，以总负荷的要求为基础，确定负荷量和负荷强度的最佳组合。突出强度是高水平竞走学生负荷安排的重要特征。但需要注意的是应从实际情况出发，合理搭配负荷强度和负荷量。第九，重视恢复。训练水平的提高离不开对训练负荷的合理安排，但没有恢复，也就没有新的负荷安排。在运动疲劳之后，人体的恢复时间有所不同，恢复时间过长或过短都不利于提高身体素质和技术水平。注意掌握学生训练后不同恢复阶段的时间、个体负荷的极限能力、承受极限负荷后的恢复时间，各训练过程的负荷性质以及适宜的间隙时间和恢复方式，并根据这些要点来对大负荷训练进行安排。训练之后，还应注重采用多种手段来帮助学生消除疲劳。第十，做好运动训练负荷监测和诊断工作。教师应在运动训练过程中根据运动训练负荷的构成因素及运动训练负荷的可监控性特点，正确地确定各运动项目的训练内容和训练方法，以及不同学生个体的运动训练负荷监控指标体系，建立科学的运动训练负荷监控、诊断系统和诊断模型。

第二章　科学训练

第一节　科学训练的理念

运动训练原理是科学、合理的运动训练的基础；运动训练方法是在运动训练中，提高竞技水平、完成训练任务的途径和办法。本章将主要阐述运动训练的原理与方法，并结合现代运动发展趋势，对运动训练的理念和发展做创新性探索。

一、教育性训练理念

1.教育性训练理念的内涵

在运动训练过程中，教练员要重视对学生的文化素质的培养，并注重强调文化素质的重要性，从而使训练和教育紧密地融合在一起，达到训练与教育相结合、相协调、相促进的效果，这对于提升运动训练效果具有积极作用。

2.教育性训练理念的理论基础

教育性训练理念的理论基础是多方面的，为了对教育性理念有一个更加深入、全面的了解，我们从以下两个方面来介绍其理论基础。

（1）学生的健康成长与自身文化水平有密切的关系

运动训练是一种社会活动，这一社会活动能否顺利进行主要取决于教练员、学生、管理人员等是否能够积极参与运动训练活动，并在活动过程中密切配合。由此可以看出，教练员与学生这两个运动训练中的主体的知识水平是影响运动训练发展的重要因素。现阶段，学生主体性在运动训练过程中难以得到充分发挥，而且学生文化素质的培养也没有得到应有的重视，所以出现了一系列问题，具体表现为训练方法与手段单一，过分强调身体素质、技战术修养、心理素质等的训练，轻视对学生文化和人文素质的培养。这些问题使得学生在训练中力不从心，在很大程度上制约了运动训练的发展。

(2) 学生运动水平的提高与其自身的文化素质水平相关联

现代运动的较量主要表现在体能、技能、心智能力等方面。在某些情况下，心智能力要比体能、技能更重要。一般情况下，具有较高心智能力的学生往往能够大幅提高自身的竞技能力，这是因为他们不仅能够较为深刻地把握运动的特点和规律，准确地认识运动训练理论和方法，还能够对教练员的训练意图有更深入的理解，能够与教练员完美配合，从而高质量地完成训练计划。此外，心智能力高的学生能够更准确地把握运动战术的精髓，在比赛中灵活机动地运用战术，更好地控制自己的心理活动，这也是他们竞技水平较高的一个重要因素。

二、人文操作性训练理念

1.人文操作性训练理念的内涵

运动训练中，人文操作性训练理念的内涵主要从以下四个方面体现出来。

(1) 对学生的尊严与独立的重视。

(2) 对学生思想与道德的关注。

(3) 对学生权利的关注。

(4) 对学生前途的关注等。

2.人文操作性训练理念的理论基础

人文操作性训练理念的理论基础同样是多方面的，下面主要从三个方面来介绍：

(1) 人的行为在一定程度上受到其自身感知或信念体系的指导。

(2) 提高运动水平的基本要求是符合自然规律和价值规律。运动应遵循自然规律和价值规律。为了取得理想的训练效果，在进行运动训练时，不仅要遵循科学规律，而且要遵循价值规律；不仅要体现人文特征，还要将科学性与人文性相结合。

(3) 人文的重点是人的主体性，这就明确了人与技术的关系。运动训练的过程就是教育的过程，教育重视内在动力的发展，因为人的行动力是由内在动力引导而来的。在运动训练中强调人文性，不仅能够摆脱“技术”对“人”的控制，而且能够促进公平竞争，弘扬体育道德，培养人性，挖掘人的潜能。除此之外，情感、责任感、态度、信念等，都在很大程度上决定着学生的体能、技能、成绩等，具有非常重要的现实意义。

三、技术实践性训练理念

1.技术实践性训练理念的内涵

运动训练过程不仅要符合运动训练的一般规律，还要符合竞技项目的规律。

学生既是技术的主体，又是技术的客体。技术实践性训练理念就是将技术这种物质手段作为客体，与作为主体的人的主观精神因素相统一。

2.技术实践性训练理念的理论基础

下面主要从两个方面来介绍技术实践性训练理念的理论基础，这两个方面也是学生在运动训练中要注意的两个要点。

（1）技术实践性训练理念要与事物的客观规律相符。技术实践性的基本要求就是求真。所谓的求真，就是在运动训练过程中，要以运动的本质特点和规律为主要依据，科学安排运动训练，理论结合实际。

（2）技术实践性训练理念要遵循从实际出发的原则。在现代运动训练中，从实际出发、结合实战是对技战术进行训练的有效方法。学生只有通过不断练习，才能够在比赛中有轻松、熟练和优秀的表现。要想取得理想的比赛成绩，一定要积极训练，并且训练时要尽量模拟比赛的情况，这样才能取得良好的训练效果。

第二节　体育科学训练的原理

一、运动学原理

运动学基础主要指的是运动技能的基础。所谓的运动技能是指人体在运动中掌握和有效地完成专门动作的能力，也就是在一定的时间和空间内大脑精确支配肌肉收缩的能力。提高运动技能依靠人们对人体机能客观规律的深刻认识和自觉运用。

（一）人体运动系统的构成

1.肌肉

肌肉组织主要由肌细胞组成。肌细胞是肌肉的基本结构和功能单位，外形细长，状如纤维，所以也称肌纤维。每条肌纤维外面皆有一层薄的结缔组织膜，此膜被称为肌内膜。数条肌纤维构成肌束，肌束由肌束膜包裹。肌束合成了肌肉，外面包以结缔组织膜，即肌外膜。肌肉中，水分约占3/4，另外1/4为固体物质（如能量物质、蛋白质、酶等）。人在参加运动的过程中，其动力是由骨骼肌不断地运动来提供的，骨骼肌在神经系统支配下收缩，牵动骨骼，使人体维持某种姿势，或产生局部运动，最终使机体完成运动所需的各种动作。人体内脏器官的活动也离不开相应的平滑肌和心肌的作用。骨骼肌指附着于骨骼上的肌肉。骨骼肌在人体内分布广、数量多，是运动系统的主体部分。人体内约有400块大小不一的骨骼肌，占体重的36%～40%。骨骼肌中间是庞大的肌腹，两端是没有收缩功能的肌腱，肌腱直接附着在骨骼上。骨骼肌收缩时，通过肌腱牵动骨骼而产生运动。肌腱内胶原纤维互相交织，形成辫状的腱纤维束。肌腱的一端与肌内膜、肌束膜和肌外膜相连接，另一端与骨膜紧密结合。肌腱本身虽无收缩能力，但能承受很大的拉伸载荷。肌腹的抗张力强度远远不及肌腱。

2.骨骼

骨骼是由骨膜、骨质、骨髓构成的，它以骨质为基础，表面被骨膜包裹，内部充满骨髓。骨骼是人体运动系统的重要组成部分，对学生的运动训练起着至关重要的作用。但是骨骼不仅有运动功能，还有支撑身体的功能、保护脏器的功能、造血的功能、运动的杠杆功能、储备微量元素的功能等。

3.关节

关节是骨与骨之间借助结缔组织、软骨或骨的一种连接。全身的骨骼借助关节连接起来，从而对整个人体起到支撑和保护的作用。人体的运动依赖于关节的活动。关节主要是由关节面、关节囊和关节腔组成的，辅助以韧带、关节内软骨和关节唇等结构。根据关节运动轴的多少，可以将关节分为单轴关节、双轴关节和多轴关节三种形式；也可以根据两骨间连接组织的不同，将关节分为纤维性关节、软骨关节和滑膜关节。

（二）运动过程中人体机能的变化

1.比赛前后身体机能变化的基本过程

在运动训练的过程中，多重刺激作用于学生肌体，引起各器官、系统的机能发生一系列变化。依据机能表现形式，大致可分为赛前状态、进入工作状态、稳定状态、运动性疲劳和恢复过程五个阶段。

（1）赛前状态

学生在训练前，某些器官、系统产生的一系列条件反射性变化被称为赛前状态。赛前状态可出现在比赛前数天、数小时或数分钟。

（2）进入工作状态

训练活动开始后，人体机能并不能立刻达到最高的水平，而是一个逐步提高和适应的过程，这一过程被称为进入工作状态。进入工作状态的实质就是人体机能的上升过程。

（3）稳定状态

当机体逐渐适应比赛时，则进入稳定状态，这时，人体的机能活动在一段时间内保持在一个较高的水平。

（4）运动性疲劳

机体在运动过程中会产生一定的运动能力暂时下降的现象，这种现象被称为运动性疲劳。运动性疲劳是运动训练负荷引起的一种正常的生理现象。适度的疲劳可以刺激机能水平上升，但过度疲劳可能会造成机体损伤。

（5）恢复过程

恢复是指人体在运动之后，人体的各项生理功能恢复、能源物质补充、代谢物排出等一系列变化。运动时人体内代谢过程加强以满足对能量的需要。运动中及运动停止后，能源物质都在不断进行补充和恢复，只不过运动中的能量消耗快而大于补充，运动后的体内能量消耗慢而小于补充。

2.一次训练中身体机能变化的基本过程

人在运动的过程中，运动训练负荷作为一种刺激，必然会引起各器官、系统机能发生一系列应激性反应。在运动训练前后，这些反应可表现为耐受、疲劳、恢复和消退等阶段。

（1）耐受阶段

在运动训练开始阶段，人体的各项机能会在一定的水平上维持一段时间，并不会马上表现出衰减，这一阶段被称为耐受阶段。在这段时间内，由于机体已经从上次训练课中得到不同程度的恢复，会表现出比较稳定的工作能力，能高质量地完成各项训练任务。训练的主要任务正是在这个阶段完成的。

（2）疲劳阶段

经过一定时间的运动训练负荷的刺激，人体会产生一定的疲劳状况，机能和效率都会逐渐下降。达到一定程度的疲劳正是训练安排所要达到的目的之一。只有机体达到一定程度的疲劳，机体在恢复期才能进行结构与机能的重建，机体的运动能力才能不断得到提高。

（3）恢复阶段

训练结束，人体就进入了恢复阶段，机体开始补充所消耗的能源物质，修复和重建所受到的损伤，恢复正常的内环境。机体在恢复阶段的速率主要受两方面因素的影响：一方面是身体的耐受阶段持续时间的长短，耐受阶段持续时间越长，则疲劳程度越深，恢复需要的时间就越长；另一方面是运动结束后能量的补充是否及时，能量补充越及时、越到位，恢复得就越快。

（4）消退阶段

超量恢复不会一直持续，而是会随着时间的推移而逐渐消失，但是如果不及时在超量恢复的基础上施加新的刺激，已经形成的训练效果可能会逐渐消退。运动效果保持的时间主要取决于超量恢复的程度，所出现的超量恢复现象越明显，保持的时间相对越长。因此，在安排运动训练的内容时，不仅应重视训练负荷安排的合理性，还必须重视运动训练后的恢复，在出现超量恢复后及时安排下一次训练。

（三）运动训练对人体运动系统的影响

运动训练对人体运动系统有着重要的影响，主要表现在以下几个方面。

1.运动训练对肌肉的影响

运动训练能够充分地发展骨骼肌，使其肌纤维增粗，肌肉的体积增大，肌肉力量增加。运动训练能够使肌纤维中线粒体数目增多，肌肉中脂肪减少，从而减少肌肉收缩时的摩擦，肌内膜、肌束膜、肌腱和韧带因细胞增殖而增厚，变得更加坚实、粗壮；使肌肉内化学成分发生变化，肌糖原、肌球蛋白、肌动蛋白和水分等含量都有增加，加速腺苷三磷酸（adenosine triphosphate，ATP）的分解，增强细胞与氧的结合能力，这有利于肌肉收缩，表现为肌肉力量增强；可使肌肉中毛细血管增多，改善骨骼肌的供血功能。因此经常参加运动训练的人的肌肉会显得发达、结实、健壮、匀称、有力，运动持续时间更长。

2.运动训练对骨骼的影响

青少年新陈代谢旺盛，在这一时期进行合理的运动训练，对骨骼的生长和发育有着良好的作用。经常参加运动训练，可使骨骼表面的隆起更为显著，骨密质增厚，管状骨增粗。这一系列骨形态结构的改变使骨的抗压、抗弯、抗折断、抗扭转等机械性能得到提高。骨骼的这种良好变化与肌肉的牵拉作用有密切关系。肌肉力量的增加与骨量的增加有着显著相关性，且骨量增加部位与肌肉训练部位有关。当肌肉力量增大，肌肉收缩对骨骼产生的应力刺激可有效提高成骨细胞的活性，在日后可有效延缓中老年骨量的流失。

3.运动训练对关节的影响

定期适量的运动训练可以使骨关节面的密度增加，骨密质增厚，从而能够承受更大的运动训练负荷。运动训练项目不同，对关节柔韧性所起到的作用也就不同。例如，乒乓球、羽毛球、篮球等项目对于参与者的急转、急停能力的要求极高，这就需要参与者拥有良好的关节柔韧性。同时，关节的稳固性和灵活性又是一对矛盾，因为肌肉力量大，韧带、肌腱、关节囊就会增厚，这对关节稳固性有很大好处，但这样又势必会影响关节的灵活性。所以，在进行运动训练时，运动者要处理好关节的这对矛盾。

二、生理学原理

（一）物质代谢

食物中包含多种营养素，人体从食物中摄取各种营养物质，经血液循环输送到各人体器官，通过相应的代谢为人体提供能量。糖、脂肪和蛋白质等营养物质被人体吸收后，人体的组织细胞一方面通过合成、代谢构建和更新自身储存的能源物质，另一方面通过代谢（氧化分解）产生能量。物质代谢主要包括以下几种。

1.脂肪代谢

脂肪分解代谢产生的能量是长时间中低强度运动的主要供能方式。人体的肌肉组织中储存着少量的脂肪，在运动时产生一定的能量。当脂肪的动用（氧化）增加时，血浆中的游离脂肪酸透过肌细胞膜进入肌细胞被氧化，而脂肪则水解成甘油和脂肪酸进入血浆，以补充被消耗的游离脂肪酸。因此，脂肪首先是在酶的作用下水解成脂肪酸和甘油来释放能量的。

2.糖类代谢

食物中的葡萄糖经消化吸收后，汇集于门静脉，经肝进入血液循环，其中大部分运到各组织合成为糖原和含糖化合物，最主要的是合成肝糖原储存起来；一部分转变为脂肪和氨基酸；血液中保留的一部分糖被称为血糖，另一部分直接供组织氧化利用放出能量，同时产生CO_2和H_2O。糖的氧化分解是供应人体活动所需能量的主要方式，全身各组织都能进行这一反应。糖的氧化分解包括无氧氧化和有氧氧化两种主要形式，从本质上来讲，这两种形式是同一过程在两种情况下（缺氧与氧供应充足）的不同反应方式，其反应过程在前一阶段是完全相同的，差别是在丙酮酸产生以后。缺氧时产生乳酸；氧供应充足时，丙酮酸继续氧化生成CO_2和H_2O，并释放出蕴藏在分子中的能量。

3.蛋白质代谢

蛋白质是人体生命活动的重要组成部分，也是人体重要的能源物质之一，与机体运动之间存在非常紧密的联系，在调节机体各种生理功能中起着不可替代的作用。一般来说，蛋白质不能直接提供人体运动所需的能量，为人体提供能量只是蛋白质的次要功能，只有在某些特殊情况下，如长期饥饿、生病或体力极度消耗时，人体才会依靠蛋白质氧化供能。但蛋白质分解代谢过程中能产生许多物质，对糖和脂肪的供能有着重要的作用。同时，蛋白质的分解代谢和合成代谢平衡是维持人体生命活动的基础。蛋白质主要由氨基酸组成，因此，其代谢过程是以氨基酸代谢为基础的。蛋白质的代谢需要很多激素参与调节，如肾上腺素和甲状腺素能促进蛋白质的分解，表现为甲亢时，甲状腺素分泌增加，人体蛋白质分解增加，人体逐渐消瘦；当生长激素分泌增加时，人体蛋白质合成增加，肌肉健壮。

（二）能量代谢

1.人体物质能量储备

人体通过消化系统摄取必要的能量物质。这些物质在人体中通过生物氧化反应，分解成一些代谢物，同时释放出大量的能量。这些能量通常大部分以热能的形式释放于体外，还有一部分则转化为化学能，储存在ATP的高能磷酸二酯键中，人体活动的直接能量就源于ATP的分解。ATP的重新合成需要糖、脂肪和蛋白质的氧化分解供能。ATP的再合成有多种途径，就其供能系统而言，主要有以下三种。第一，磷酸原系统（三磷酸腺苷-磷酸肌酸，ATP-CP）。它是由细胞内的ATP和CP这两种高能磷化物构成的，具有供能绝对值不大、持续时间很短的特点。但是它供能快速，其能量输出功率最高。第二，有氧氧化系统。它是指在氧供应充足的条件下，糖和脂肪完全分解生成CO_2和H_2O，同时生成大量的能量，使腺苷二磷酸（adenosine diphosphate，ADP）再合成ATP。有氧氧化系统能生成丰富的ATP，不生成乳酸之类导致疲劳的副产品，是人进行长时间耐力活动的主要供能系统。第三，乳酸能系统。乳酸能系统又称无氧糖酵解系统。它的能量产生是靠肌糖原的无氧酵解产生乳酸，放出的能量由ADP接收，再合成ATP。乳酸能系统是在机体处于缺氧的情况下的主要能量来源。乳酸能系统对人体进行能量供应，它的作用与磷酸原系统一样，能在暂时缺氧的情况下迅速供能。在进行不同项目的训练时，运动者应根据自身的身体条件和个人需要来选择适合的运动项目，同时还要注意所选择的运动手段和项目的科学化。运动者除了选择有氧氧化系统的项目外，还可以适当选择乳酸能系统供能的项目以发展身体的无氧耐力。据科学研究，等量的情况下，脂肪储备的能量最多，蛋白质储备的能量次之，糖类储备的能量最少。由于人体蛋白质主要作用于细胞结构和功能的代谢和更新，蛋白质的能量储备虽然丰富，但在人体运动时，并不能够被人体大量使用。而脂肪和糖类才是人体运动的基础供能物质。研究表明，1分子的糖在体内进行糖酵解可以生成2～3分子的ATP，如果彻底氧化成CO_2和CH_2O，则生成37分子ATP，而脂肪分子彻底氧化生成的ATP数量更多，可高达450分子。需要注意的是，如果以单位时间内生成能量的数量，或者以单位重量肌肉在单位时间内生成ATP的数量计算，能源物质的各种分解代谢途径提供能量的速率则不同于以上情况。各供能代谢途径ATP最大合成速率由高到低的排列顺序依次是磷酸原、糖酵解、糖有氧氧化、脂肪酸氧化。

2.运动中三大供能系统活动的关系

在人体运动过程中，运动形式不同，则不同的能量代谢系统提供能量的能力和速率也会不同。磷酸原系统和乳酸能系统都供应能量，但ATP和CP的最终合成和糖酵解产物乳酸的消除却要通过有氧氧化来实现。所以，肌肉活动所需能量的最终来源是糖和脂肪的有氧氧化。人体中磷酸原系统供能的绝对值不大，在运动中维持的时间也很短，但是能在短时间内快速起作用。总的来说，人体在运动过程中，各供能系统之间的关系与运动训练负荷的强度和持续时间密切相关。大量的运动实践表明，随着人体运动时间的延长，供能物质由以糖有氧氧化为主逐渐过渡到以脂肪氧化为主。总之，人体在运动中，并不是由一个供能系统完成供能的，而是由一个供能系统为主，其他的供能系统也会参与其中，共同完成人体运动所需要的能量供应。每个供能系统都有其独特的特点和供能能力。供能系统不同，所需要的能源物质也不同，运动中的输出功率和供能时间也会有明显的差异。

（三）运动与呼吸

学生在运动训练的过程中，机体与外界环境之间的气体交换称为呼吸。呼吸系统包括呼吸道和肺，而呼吸道是一系列呼吸器官的总称，这些器官包括鼻、咽喉、气管、支气管。人体的呼吸过程由外呼吸、内呼吸和气体运输三个环节构成。呼吸系统是氧运输系统的重要组成部分，其主要机能是实现机体与外界环境的气体交换，以使血液中的氧分压、二氧化碳分压、酸碱度维持在正常生命活动所允许的范围之内。人体通过肺实现与外界气体的交换，通过血液实现气体的输送和排出。人体在运动时，机体代谢旺盛，所需氧量及二氧化碳排出量明显增加，呼吸系统加强，所以运动训练（特别是耐力训练）必将使呼吸系统的形态、机能产生适应性变化。呼吸肌主要是膈肌和肋间外肌。当膈肌收缩时，腹部随之起伏；肋间外肌收缩时，胸壁随之起伏。因此，以膈肌运动为主的呼吸形式被称为腹式呼吸，以肋间外肌运动为主的呼吸形式被称为胸式呼吸。成人的呼吸一般都是混合式的。呼吸形式与年龄、生理状态、运动专项等因素有关。在进行运动训练时，运动者要根据动作的特点灵活转变呼吸方式。

（四）运动与心率

心率是运动生理学中最常用而又简单易测的一项生理指标。在运动实践中，常用心率来反映运动强度和运动训练对人体的影响，并用于学生的自我监督或医务监督。成年人静息时心率在60~100次1分钟，平均为75次1分钟，但会因年龄、性别、体能水平、训练水平和生理状况的不同而有所不同。一般来说，人的心率会随着年龄的增长而有所减慢。在成年人中，女性心率比男性快3~5次1分钟。有良好训练经历或体能较好者心率较慢，耐力优秀的学生静息时心率常在50次1分钟以下。在运动的过程中，人的心率会逐渐加快，随着运动强度的增加，心率也会相应地增快。因此，心率也是判断运动训练负荷的一项简易的指标，能够在一定程度上反映学生的体能水平和运动训练的水平。

第三节 运动训练负荷的科学安排

一、运动训练负荷的基本知识

（一）运动训练负荷原理

运动训练中的最终训练目的是促进学生身体素质水平、运动水平的提高。要想实现这一最终目的，就要在运动训练过程中使学生不断承受和适应训练负荷，促进其机体的运动能力和对外界（运动训练负荷）适应能力的不断提高，这就是运动训练负荷原理。运动训练过程中，学生会承受一定的外部刺激，学生肌体在生理与心理方面承受的总刺激便是运动训练负荷，机体承受刺激时表现出来的内部应答程度可以反映运动训练负荷。运动训练负荷具有目的性和选择性，即一定的功能特点；运动训练负荷还具有渐进性、极限性和应激性，随着运动训练负荷水平的提高，训练适应水平也会相应地得到提高。运动训练负荷与运动成绩之间密切相关，这主要从对应性和延缓传导性上体现出来。运动训练负荷种类繁多，每种负荷都有自己独特的含义，因此必须准确掌握各种运动训练负荷的概念和特性，对运动训练负荷进行科学调控。调控时需注意运动训练负荷的综合性、实战性和动态性，并需结合具体个体进行，注重运动训练负荷的定量与等级。

（二）运动训练负荷的系统构成

运动训练负荷具有系统性。按性质，可将运动训练负荷分为训练负荷、比赛负荷、教学负荷与健身负荷；按产生机制，可将运动训练负荷分为内部负荷、外部负荷；按负荷刺激机体的特征，可将运动训练负荷分为负荷强度、负荷量和总负荷。

（三）运动训练负荷刺激及机体机能的变化

运动训练负荷刺激主要是指运动训练负荷对机体的刺激。在运动训练中，机体对训练负荷刺激所作出的反应表现在两个方面，即生理反应和心理反应。通常所说的运动训练负荷指的是生理负荷，也就是机体在生理方面所承受的运动训练刺激。运动训练的过程也可以看作一个不断对人体施加运动训练负荷刺激的过程。在这一过程中，人体各器官系统将发生一系列反应。这些反应特征主要表现为耐受、疲劳、恢复、超量恢复和消退等机能变化。

二、运动训练负荷的科学安排与调控

（一）运动训练负荷的定性与定量

1.运动训练负荷的定性

（1）训练负荷的专项性

训练负荷的专项性指训练负荷要与学生的训练水平和比赛要求相符。运动训练过程中，训练负荷的练习分为运动专项练习与非运动专项练习。其中，运动专项练习是提高学生专项运动技战术水平的直接因素，只有加强运动专项训练，才能为学生运动实战水平的提高奠定良好的基础。

（2）训练动作的复杂程度

训练动作的复杂程度是专项运动训练中客观存在的，也是运动训练中运动训练负荷定性的一个重要方面。运动训练实践中，动作复杂程度决定着训练负荷的大小。区分训练动作的复杂程度是控制运动训练负荷的依据和需要。需要提出的是，由于运动训练中，学生的许多技能动作并不能预定，必须根据场上对手的表现临时做出选择性反应，因此，目前对此要做出量化评定具有较大的难度。

（3）训练负荷的生理改善

确定学生运动训练时机体工作的供能系统是为训练负荷定性的内容之一。学生应结合运动专项的训练要求和特点，选择采用无氧代谢或有氧代谢，或二者的协调配合来进行训练，也就是以实际情况为依据合理安排训练。

2.运动训练负荷的定量

（1）内部负荷指标

内部负荷指标指由于学生在训练过程中进行各种身体、技战术训练，训练的负荷使学生肌体内发生一系列生理和生化变化。内部负荷的指标能比较科学、准确地反映机体在承受负荷时产生的各种变化，有利于教练员根据这种变化去掌握和控制训练过程，安排训练负荷。运动训练中，使用内部负荷的指标来测量负荷的方法比较广泛。血压、心率、血乳酸、尿蛋白、氧债、血红蛋白、最大吸氧量等是常用的指标。

（2）外部负荷指标

外部负荷指标又称负荷的外部指标或外部负荷，包括负荷量和负荷强度两个指标。在运动训练中，负荷量的测定方法比较简单。例如，统计一次训练课、一个小周期、一个阶段或一年的训练负荷量，只要记录每次训练的时间、次（组）数、移动的总距离和总重量，而后通过累计计算学生单位时间内负荷量的大小即可。机体对负荷强度刺激所引起的反应比较强烈，能较快地提高机体各器官系统的机能水平，所产生的适应性影响较深刻，消退较快。在运动训练中，负荷强度的各个指标比较复杂，所以测量难度也比较大。目前，对学生外部负荷指标进行测量，一般通过记录技战术训练的时间、训练次数、训练难度、训练的激烈对抗程度等方法。

（二）不同负荷的判别

运动训练期间，当学生的运动训练内容、训练手段的特点相当稳定时，机体机能能力表现出来的动态变化就能够被明显地观察到。因此，可根据训练实践中学生肌体机能活动性的动态变化来对训练负荷的大小进行判别。一般情况下，运动训练负荷的大、中、小可以客观地按照机体恢复的时间进行判别。研究表明，训练负荷的大、中、小与机体内环境稳定性的变化紧密相关，并且能具体反映到恢复过程的时间上。通常，承受小负荷与中负荷后，机体恢复过程的时间是几十分钟或几个小时；承受大负荷后，一般需要较长的时间才能实现机体的恢复（可长达数天）。在运动训练中，应结合实际情况来对学生的训练负荷大小进行判定，具体可以根据生理学和生物学的指标来判别，也可以采用其他相对间接且客观的指标进行判别，但不管使用哪种方法，都要保证准确地判定训练负荷。

（三）运动训练负荷的特点与注意事项

1.科学安排与调控运动训练负荷的特点

科学安排与调控运动训练负荷就是以更科学、更合理的方法安排运动训练负荷，从而实现运动训练水平和运动成绩不断提高的目的。对训练负荷的科学安排需要遵循负荷、应激与恢复原理，竞技状态的形成与科学调控原理，周期性与节奏性原理，以及竞技能力的训练适应原理等。简单来说，科学调控运动训练负荷就是在训练过程中，教练员根据训练的任务及学生的个体情况，按照人体机能的训练适应规律，以大负荷为核心，坚持长期、系统和有节奏地安排运动训练负荷。从概念内容来看，科学安排与调控运动训练负荷具有以下特点。

①持续增加运动训练负荷，即在学生的运动寿命范围内，运动训练负荷应该不断地增加。②运动训练负荷应该力求在学生肌体可接受的范围内达到最大。③全年负荷，即要求学生不断地进行训练，系统、连贯地承受负荷，以不断提高训练水平。④负荷的周期性和节奏性，也就是说，负荷的安排要有一定的大、中、小节奏，并在全年训练中具有一定的周期性安排的特点，也就是按照“加大—适应—再加大—再适应”的节奏进行安排。⑤负荷的渐进性和跳跃性，它是指在学生长期训练中，负荷应按照逐渐提高与跳跃式发展相结合的方式进行安排。

2.科学安排与调控负荷的注意事项

（1）不同训练阶段采取不同的调控方法

在训练初期，为了使学生尽快进入运动状态，通常以增加负荷量的方法来尽快实现学生肌体的适应。在专项训练阶段，以提高负荷强度刺激的方法来加快学生的机体适应过程。

（2）选择合理的负荷的内容和手段

教练员应按照不同运动项目、训练内容、训练手段的负荷特征和不同训练任务选择好相对应的训练内容、手段和方法。对学生而言，其参与的具体竞技运动项目不同、训练目的不同，所安排的训练负荷应有所区别。

（3）对负荷方案进行最佳综合设计

在运动训练过程中，教练员要根据各对应性负荷结构的特征及相互间的关系，进行负荷方案的最佳综合设计，特别是要注意负荷量与负荷强度，内部负荷与外部负荷，生理、心理与智力性负荷，以及训练负荷与比赛负荷的综合设计。

（4）按照学生个体特点确定运动训练负荷

教练员要通过科学的训练诊断，对学生的个体特点加以了解，对符合他们个体特点的个体负荷模型进行科学确立。

（5）注意负荷安排的长期性、系统性

在进行运动训练时，要根据连续负荷中疲劳的正常积累与过度疲劳之间的关系，对多年、年度、周及每一次课的训练过程的负荷进行对应的安排，使不同训练阶段的运动训练负荷连贯起来，促进学生运动水平的逐步提高。

（6）重视运动训练负荷的节奏性

教练员要把大负荷训练与减量训练结合起来，使之形成最佳的负荷节奏，进而促使学生取得最佳的训练成绩。

（7）合理增加运动训练负荷

根据训练任务和训练对象，逐步、有节奏地加大运动训练负荷，直至最大限度，但在竞走运动训练过程中，运动训练负荷的安排不宜过大，应以提高单位训练时间里最大的效益为准则。运动训练负荷的增加应当在学生适应了原有负荷的基础上进行，只有这样才能取得较好的训练效果。

（8）注意处理好负荷量、负荷强度与总负荷的关系

教练员要按照运动项目特点、训练和比赛任务、个体特点等因素，以总负荷的要求为基础，确定好负荷量和负荷强度的组合方式。突出强度是高水平竞走学生负荷安排的重要特征。但应注意从实际情况出发，合理搭配负荷强度和负荷量。

（9）重视恢复

训练水平的提高离不开对训练负荷的合理安排，但没有恢复，也就没有新的负荷安排。在运动疲劳之后，人体的恢复时间有所不同，恢复时间过长或过短都不利于提高身体素质和技战术水平。教练员要注意掌握学生训练后不同恢复阶段的时间、个体负荷的极限能力、承受极限负荷后的恢复时间，以及各训练过程的

负荷性质及适宜的间歇时间和恢复方式，并根据这些要点来对大负荷训练进行安排。训练之后，还应注重采用多种手段来帮助学生消除疲劳。

（10）做好运动训练负荷监测和诊断工作

教练员应在运动训练过程中根据运动训练负荷的构成因素及可监控性特点，确定各运动项目的训练内容、手段和方法，以及不同学生个体的运动训练负荷监控指标体系，建立科学的运动训练负荷监控、诊断系统和诊断模型。

第三章 球类运动的技能与训练

第一节 足球的技能与训练

在足球运动过程中，校园足球运动员通过运用各种技术动作来达到相应的攻防目的，其技术水平的高低在一定程度上决定了足球运动的水平。

一、足球技术概述

足球技术是在足球比赛中所采用的合理行动和动作的总称。进攻、防守以及队员之间的配合等都需要用到相应的技术。运动员只有熟练地掌握各种技术，才能够在比赛中采取相应的行动，达到相应的目的。随着足球运动的不断发展，足球技术也在不断向着全面、快速、实用的方向发展。足球运动的技术较为复杂，包括各种有球技术，还有各种无球技术，而且足球比赛对抗较为激烈，运动员需要在对抗的情况下准确做出各种技术动作。运动员在球场上会有不同的角色分工，在不同的位置上其技术也不尽相同。

二、足球技术的基本分类

足球技术可从多层次和不同角度进行分类。根据比赛的攻防转换及运动员职能变换，可将技术分为进攻技术和防守技术；根据运动员的位置分工，可分为守门员技术和锋、卫队员技术；根据运动员的技术动作结构，可分为单元技术或多元组合技术；根据运动员的技术方式，又可分为有球技术和无球技术两类。

三、足球运动守门员技术训练

（一）守门员技术分类

1.接球

（1）上手接球

面对来球，两臂上伸，两手拇指相对呈八字形，其余四指微屈，手掌对球。在最高点手触球瞬间，手指、手腕适当用力，缓冲来球并将球接住，顺势转腕、屈肘将球抱于胸前。

（2）直腿式下手接球

面对来球，弯腰时两膝伸直，两腿分开，两腿之间距离不得超过球的直径，两手掌心向上，触球后将球抱于怀中。

（3）跪撑式下手接球

以接左侧球为例，左腿屈，右腿跪撑于左脚附近，距离不得超过球的直径，其余动作与直腿式下手接球相同。接右侧球时，动作相同，方向相反。

2.发球

（1）抛踢球

抛踢球有踢自抛的下落空中球和踢自抛的反弹球两种方法，踢自抛的下落空中球和踢自抛的反弹球的动作与脚背正面踢球基本相同。

（2）手掷球

①单手肩上掷球：两脚前后开立，两膝弯曲，单手持球，屈臂于肩上。掷球前，持球手臂向后，同时身体随之侧转，重心移到右脚上。掷球时，利用后脚用力蹬地、转体和挥臂、甩腕的力量将球掷向预定的目标。②勾手掷球：两脚前后开立，身体侧对出球方向，单手持球后弓，臂微屈，同时重心移到后脚上。掷球时，后脚用力向后蹬地，同时转体，重心由后脚移向前脚。当持球手臂由后经体侧沿弧线摆至肩上时，手指和手腕用力将球掷向预定的目标。球出手后，掷球手臂继续前摆，上体前倾后脚向前迈出，维持身体平衡。

3.托球

离球近的一侧手臂伸出迎球，触球一刹那，手腕后仰，用手掌发力将球向侧或向上托出。

4.扑球

（1）倒地侧扑球

①扑脚下球：注视并判断对手将要起脚射门的方向，扑球时重心降低出击迎球，在对手起脚射门的刹那，快速倒地侧扑封堵球路，将球接住或挡出，随即屈

膝团身进行自我保护。②扑两侧球：注视来球，身体重心置于两腿之间，两脚时刻准备蹬地，精力集中。扑球时，异侧脚内侧发力，同侧脚屈膝迎球跨出，上体顺势压扑以加速重心的前移倒地，双臂同时迎出接球，腕关节稍内扣，用手掌控球。触球后，屈臂收球于胸前，并快速抱球起身。侧倒过程以小腿、大腿、臀部、肩和手臂外侧顺序缓冲着地。

（2）腾空跃起侧扑球

确定来球路线后，迅速降低重心，身体向来球一侧倾斜移动。同侧脚侧上步，用脚掌外侧蹬地发力，使身体呈水平状腾空，两手同时快速迎球，身体展开。接球手形成球窝状，靠腕部和手指的力量将球控住。落地时，两手按球，随即屈肘，以前臂、肩部、上体侧面和下肢依次着地。注意屈膝团身护球，并顺势抱球起身。

5.拳击球

（1）双拳击球

双拳击球时，两臂屈肘握拳于胸前，两拳相拢，拳心相对，当跳起接近最高点即将触球的一刹那，两拳同时快速冲击，以拳面将球击向预定的目标。

（2）单拳击球

单拳击球时，屈肘握拳于肩前，身体跳起接近来球，在击球前的一刹那，快速冲拳，以拳面将球击向预定的目标。

（二）守门员技术训练

1.接踢来球训练

接踢来球训练要求守门员从蹲伏于地的队员身上跃过，依此来练习接踢来球。接踢来球训练方法是足球守门员需要掌握的一项基本技术。

2.扑接脚下球训练

扑接脚下球训练是队员运球直逼守门员，守门员选择最佳时机扑接脚下球的一种练习方法。对于足球守门员来说，扑接脚下球也是一项需要重点掌握的技术。

3.扑低平球训练

在松软的草皮或沙地上放置一个活动球门，在球门的两侧前方分别用2个圆锥形标志物做一个2米宽的小球门。在正对小球门12米远处各放一个圆锥形标志物，2名队员分别准备数个足球站在2个圆锥形标志物旁边，守门员则站在球门的中间。2名发球队员轮流朝面向自己的小球门踢出低平球，守门员运用滑步将球扑出，然后迅速站起来去扑另一侧的来球，如此反复进行训练。

4.吊球训练

在吊球训练中，可由无人干扰到一人或多人干扰，再过渡到对抗中完成动作。

5.鱼跃扑高球训练

若干守门员站在蹲地队员的左侧，教练员持球站在蹲地队员的前方3米处，并将球抛向蹲地队员的右侧，让守门员跃过蹲地队员去扑球或拳击球。

6.连续扑接球训练

将练习者分为5人一组，每轮游戏由两组队员参加。游戏开始，一组为射门组，另一组为守门组。射门组的练习者每人持一球，将球平行摆放在罚球区的线上，完成连续5次射门。防守组每次选派一人站在球门内充当守门员，完成5次射门训练后双方交换角色。两组都完成射门和守门后，游戏结束，进球最多的一组获胜。

7.各种地滚球、平空球和高球训练

守门员接教练员由10米外踢来的各种地滚球、平空球和高球。训练时可将踢球者增加2～4人，从多方向踢出多种性质的球，提高守门员快速移动中处理球的能力。

8.守门综合训练

练习者在五人制比赛场地中进行训练。每轮由一人充当守门员，剩下的人负责射门。训练开始前，守门员背对射门者，站在球门线上。射门者在点球点后排成一路纵队，轮流射门。射门者依次将球放在点球点上将球射向球门。在射门触球前，射门者必须大声呼喊守门员的名字，守门员迅速转身做出扑救动作。一轮完成后，练习者交换角色，继续进行训练，直至所有人都完成各个角色后结束。

四、足球运动有球技术训练

足球运动有球技术包括传接球技术、踢球技术、运球技术、颠球技术、抢球技术、头顶球技术等，其训练方式有所不同。

（一）传接球技术及其训练

1.传接球技术

（1）脚内侧接空中球

根据来球及时移动到位。抛物线较小的平空球应该根据临场的实际情况选择适当高度的接球点。将接球腿抬起，使脚内侧部位对准来球的方向并前迎，脚在接触球的一瞬间向后下方撤，并将球接在所需的位置上。

（2）脚背外侧接反弹球

根据来球的落点及时移动到位，支撑脚站在来球落点的侧后方，除触球部位外，其他环节均和脚背外侧接地滚球相同。

（3）脚背正面接抛物线来球

根据球的落点移动到位，脚背正面上迎下落的球，当球和脚面接触的一瞬间，接球脚和球下落的速度同步下撤，此时大腿膝关节、踝关节、脚趾都保持适度的紧张，脚尖微翘将球接到需要的地方。

（4）挺胸式接球

面对来球站立，两脚左右或前后开立，两膝微屈，重心置于支撑面内，上体后仰，下颌微收，两臂自然张开，维持身体平衡。接触球的瞬间，膝关节伸直，两脚蹬地，胸部轻托球的下部使球微微弹起于胸前上方。

（5）头部接球

根据球的运行路线，用前额正面接触球的中下部，下颌微抬，两臂自然张开，提踵伸膝，触球瞬间全脚掌着地，屈膝、塌腰、缩颈，全身保持上述姿势下撤将球接在附近。

2.传接球技术训练

传接球技术训练应采用适合校园足球发展的训练方法，从青少年开始就要通过训练方法设置难题，逐步发展增强运动员传接球前的观察和选择传球目标的意识与能力，使足球运动员在活动、快速、对抗以及接近实战的情况下，提高各种传接球技术运用的能力和水平。

（1）抛接球训练

两个人一组对面站立，相距5米左右，一人用手抛球，另一人练习接各种空中球（如以大腿、腹部、胸部、头部接球），可逐渐加大距离、加大力量（或增加旋转）以适应各种变化的来球。

（2）跑动中传接球训练

两个人一组一球，在一定范围内跑动中练习，要求接球时尽量使用多种方法，传球时可传出各种性质的球。距离近时以地滚球为主，距离远时以空中球为主，以提高接球能力。

（3）对抗中的接停球训练

将练习者分为4人一组，传接球队员相距15米左右。防守队员与接球队员相距1米，接球队员回撤几步后突然摆脱向前跑动插上，接从身后传过来的球。将球控制在自己控制的范围内及跑动方向上，并将球传给另一端的无球队员，然后与防守队员交换练习角色，向反方向练习，练习一段时间后，中间队员与两端的传球队员交换练习。

（二）踢球技术及其训练

1.踢球技术

（1）脚背正面踢球

①脚背正面踢定位球：直线助跑，最后一步要稍大些。支撑脚积极着地支撑，在球的侧面10～12厘米处。膝关节微屈，小腿屈曲，脚尖正对出球方向。踢球腿随跑动向后摆动，大腿带动小腿由后向前摆动。当膝关节摆至接近球的正上方时，小腿做爆发式的摆动，脚趾屈，以脚背正面部位击球的后中部，击球后身体和踢

球腿随球前移。脚背正面踢地滚球直线助跑，最后一步稍大。支撑脚积极着地，踏在球的侧方10～15厘米处，脚尖正对出球方向，膝微屈。同时踢球脚向后摆起，膝弯曲。在支撑脚着地的同时，大腿带动小腿由后向前摆。当膝盖摆至接近球的垂直上方的刹那，小腿加速前摆，脚背绷直，脚趾扣紧，以脚背正面击球的后中部。②脚背正面踢体侧凌空球：根据来球，先判断好球的运行路线和确立好击球点。身体侧对出球方向，上体向支撑脚一侧倾斜。当球落到适当高度时，踢球腿的大腿高抬，接近与地面平行。以大腿带动小腿急速挥摆，用脚背正面踢球中部。③脚背正面踢反弹球：根据来球的速度和轨迹，判断好球的落点、落地时间和反弹起来的路线。身体要正对来球反弹方向，支撑脚要踏在球的侧方。当球要落地时，踢球腿的小腿急速前摆。在球刚刚反弹离地时，以脚背正面击球的后中部。④脚背正面凌空踢倒勾球：根据来球的速度、运行轨迹等，选好击球点，及时移动到位。以踢球腿为起跳腿蹬地起跳，同时另一腿上摆，眼睛注视来球，身体后仰腾空。蹬地腿离地后迅速上摆的同时，另一腿则向下摆动（以相向运动来保证身体在空中的平衡），以脚背正面击球的后部。踢球后，两臂微屈，手掌向下，手指指向头部相反方向着地，屈肘，然后背、腰、臀部依次滚动式着地。

（2）脚背内侧踢球

①脚背内侧踢定位球：斜线助跑，助跑的方向和出球的方向约成45°，最后一步要稍大。支撑脚底积极着地，脚尖指向出球方向，距球内侧后方20～25厘米，膝关节微屈。在支撑的同时，踢球腿已完成后摆，并且开始以髋关节为轴，大腿带动小腿由后向前摆动。当大腿摆至与支撑腿接近同一平面时，小腿做爆发式摆动，此时脚背绷直、脚尖外转，以脚背内侧部位触击球的后中部。击球后踢球腿及身体继续随球向前。②脚背内侧踢空中球：根据来球速度、运行轨迹，选好击球点及时移动到位。身体侧对出球方向，用来球方向的异侧脚支撑，支撑脚脚尖指向出球方向，身体向支撑脚一侧倾斜，展腹。支撑脚站位后，大腿带动小腿由后向前摆动。当大腿摆至接近和击球点成一直线时，小腿做爆发式摆动，用脚背内侧击球的后中部。同时，身体向出球方向扭转，眼睛始终注视球。击球后，踢球腿顺势前摆以维持身体的平衡。③脚背内侧削踢定位球：脚背内侧部位击球的后中部，摆腿的方向不通过球心，沿弧线前摆。击球的瞬间，踝关节用力向内转，使球侧旋沿弧线运行。

（3）脚内侧踢球

①脚内侧踢定位球：直线助跑，支撑前的最后一步稍微大些。支撑脚站在球的侧面约15厘米处，脚尖正对着出球方向，支撑腿膝关节微屈。在支撑脚着地时，踢球腿大腿带动小腿由后向前摆动，在前摆的过程中大腿外展。当膝关节的摆动接近球的正上方时，小腿做爆发式摆动，在触球前将脚跟送出，使得脚内侧

部位所形成的平面与出球方向垂直。踢球脚脚底与地面平行，脚尖微微翘起，踝关节功能性地紧张使脚形固定，触（击）球后身体跟随移动，髋关节向前送。②脚内侧踢地滚球：迎球支撑脚踏在预计踢球的侧方约15厘米处。膝盖微屈，踢球脚以髋关节为轴，稍向后摆。前摆时，膝外转，脚迅速外转90°，脚尖稍翘起，脚掌与地面平行。踢球时脚腕用力绷紧，脚内侧触球的后中部。踢球后，脚随球前摆，但不宜过大。③脚内侧踢反弹球：支撑脚的站位与球的落点应保持踢定位球时的相对位置，根据来球落点及时移动到位。踢球腿摆动与踢定位球时相同。在球着地后又弹离地面的瞬间用脚内侧击球的中部。

（4）脚背外侧踢球

①脚背外侧踢定位球：助跑、支撑脚站位和踢球腿摆动均与脚背正面踢球技术的三个环节相同。脚触球是用脚背外侧部位。要求膝关节与脚尖内转，脚背绷紧，脚趾紧屈并提膝，触（击）球后身体随踢球腿的摆动前移。脚背外侧踢地滚球，踢球的动作规格要求和脚背外侧踢定位球相同，但支撑脚站位时应考虑球的滚动速度，以保证在脚触球的瞬间支撑脚与球的相对位置符合规格要求，这种踢法可用于踢前方、侧前方以及正侧方和侧后方来的地滚球。②脚背外侧弹踢球：摆腿以膝关节为轴的小腿爆发式弹摆为主，摆动方向为前摆、侧前摆和侧摆。击球后踢球腿迅速收回，由于这种方法踢球腿摆幅小，并且是以小腿摆动为主，所以完成动作快、突然，而且隐蔽性强，多用于快速运球中的传球。

（5）脚跟踢球

脚跟踢球是指用脚跟接触球的一种踢球方法，其踢球力量小，但出球方向有突变性和隐蔽性。①脚跟踢内侧球：踢球脚自然跨到球的前方，屈膝提腿，小腿突然而快速向后摆，脚尖翘起，用脚后跟击球前中部，将球向后踢出。②脚跟踢外侧球：踢球脚先自然向前摆，当摆过支撑脚时，立即向支撑脚一侧交叉后摆，脚尖翘起，用脚后跟击球前中部，将球向后踢出。

2.踢球技术训练

无球模仿训练。在地面上设想有一目标，跨步上前做踢球动作，然后过渡到几步慢速助跑的踢球模仿动作练习，最后可做快速助跑踢球的模仿动作训练。训练中应注意要有设想球，尤其是设想触球一瞬间踢球脚踝关节的固定和脚背绷紧。

（1）踢固定球训练

一人把球踩在脚下，另一人用脚的不同部位踢球，体会脚的触球部位。

（2）对墙踢定位球训练

要求练习者面对墙，把球放在地上，然后跑上去用各种踢球技术动作轻轻对墙踢球。熟练后可逐渐加大离墙的距离和增大踢球的力量。主要体会踢球的全过程，重点在脚触球部位的正确性。

（3）射大球门训练

练习者站在罚球区线上，于门之间立两个小旗，踢定位球。先进行不规定射球门的方向，只要绕过小旗射中球门就行的训练。熟练后，再进行只准射球门的左（或右）半边、射球门的两个下角的训练，最后再进行射球门两个上角的训练。脚法不受限制。

（4）突然变向后的踢球训练

2人一组，相距40米。在场地两端成斜线放2个标志物，2个标志物距离约3米，有球队员运球快速绕过标志物后迅速起脚完成踢球动作，将球传给对面队员，对面队员接球后也快速运球绕过标志物迅速完成踢球动作。

（三）运球技术及其训练

1.运球技术

（1）正脚背运球

运球跑动时，上体前倾，步幅放大，运球脚提起时，膝关节弯曲，脚尖向下，以脚背正面推拨球前进。

（2）脚背内侧运球

运球跑动时，身体自然放松，步幅要小，上体前倾要稍向运球方向转动，运球脚提起时，膝关节稍弯曲，脚跟提起，踝关节外展，脚尖斜下，用脚背内侧部位推拨球前进。

（3）脚内侧运球

运球跑动时，支撑腿向前跨出一步，落在球的侧前方，膝关节微屈，重心落在支撑脚上，上体向带球方向前倾，用运球脚内侧推拨球后中部前进。

（4）脚背外侧运球

运球跑动时，身体自然放松，上体稍前倾，两臂自然摆动，步幅不要过大；运球脚提起时，膝关节弯曲，脚跟提起，踝关节内旋，脚尖向内斜下，用脚背外侧部位推拨球前进。

（5）运球过人

①加快速度强行过人。持球者突然地快速推拨球，并与快速的奔跑相结合越过对手的阻挡。用身体做掩护强行过人。当持球者接近对手时双方速度减慢，持球者侧身用身体靠住对手以另一侧脚将球拨出，同时转身将对手挡在身后并随球越过对手。②变换速度运球过人。对手在持球者侧面，持球者用另一侧脚运球，利用运球速度的变化甩掉对手或越过对手。③人球分路过人。利用防守者注意力集中在球上，并且认为可以触到球的心理，达到过人的目的。当防守者出脚抢球时，运球者抢先将球推到前方，运球者迅速从防守的另一侧越过去控制球。④利

用穿裆球过人。当运球者遇到对手从正面阻挡时，发现对手两脚之间距离较大，而且重心在两脚之间，运球者应侧身运球接近对手，抓住时机将球从对手两脚之间推过，身体也随着从防守者侧面越过并很好地控制住球。⑤恰当地组合推、拨、挑、扣、拉、颠等动作过人。单脚或双脚轮流选用那些动作，适时地改变运球的方向和速度，使对手难于判断过人的方向和时机。或造成对手重心出现错误的移动，运球者抓住其漏洞而越过对手。

2.运球技术训练

(1) 拨球训练

在一定范围内自由运球。听到哨响后用一只脚做支撑脚，另一只脚用脚背内侧或外侧拨球绕支撑脚做圆周运球。两脚轮流进行训练。

(2) 跑动中运球训练

分2组进行，两队队员相距12~15米相对站立，每人一球。一队的第一名队员直线运球向前跑，当到达场地对面的边线时，另一队的第一名队员开始反向运球。为增加训练的难度，可要求队员在练习中使用左右脚运球，或提高速度，或延长运球的距离等。

(3) 拉球训练

在一定范围内自由运球，听到哨响后用一只脚作支撑脚，另一只脚用脚前掌触球顶部，拉球绕支撑脚做圆圈运动。一步一步拉球。

(4) 扣拨组合训练

每人一球沿折线向前运球。运球中用右脚脚背内侧扣球，扣球后用右脚支撑，接着左脚脚背外侧立即向斜前方拨球。可继续运两步球（或不运球），然后右脚支撑，左脚脚背内侧向右斜前方扣球后成左脚支撑，接着用右脚脚背外侧向斜前方推拨球，依次进行。

(5) 快速转身运球训练

分两组进行，两队队员相互之间保持一定距离并排站立，各队面前10~15米处放置一根旗杆。两队中最前面的2名队员同时运球跑向旗杆，到达旗杆后迅速转身绕过旗杆，然后将球运回交给本队中的下一名队员，如此反复进行。

(6) 运球过人训练

画一个20米×30米的长方形场地，将练习者分为人数相等的两队，分别站在两条对应的边线外。每组游戏由每队各选派一名练习者参加。游戏开始，两个人分别站在相对应的边线上，一方持球。持球的队向对方的边线运球，并试图突破对方，以到达对方的边线。防守方利用抢球技术阻止对方到达本方的边线。一旦断球成功双方角色迅速改变，防守方变成进攻方，向对方的边线运球，直至有一方将球运到对方的边线，一组游戏结束，换下一组继续游戏，直至所有组完成游戏，获得胜利次数多的队取胜。

（7）运球变向训练

用圆锥形标志物标出一个边长为20米的正方形场地，共分四组进行，四队队员站在4个角处。两支正对着的队列有一个球。持球队员带球跑向对方的队列，将球传给对方第一名队员后，然后跑到对角线上的队列中去，依次进行。

（四）颠球技术及其训练

1.颠球技术

（1）正脚背颠球

脚向上方摆动，用脚背击球，击球时踝关节固定，击球的下部。颠球时，两脚可交替击球，也可一只脚支撑，另一只脚连续击球。击球时用力均匀，使球始终控制在身体周围。

（2）脚内、外侧颠球

抬腿屈膝，身体重心移至支撑脚上，用脚的内侧或外侧向上摆动，击球的下部，两脚内侧或外侧交替击球，也可单脚连续击球，动作类似踢毽子。

（3）大腿颠球

抬腿屈膝，身体重心移至支撑脚上，用大腿的中前部位向上击球的下部，两腿可交替击球，也可一只脚支撑，用另一侧的大腿连续击球。

（4）肩部颠球

两臂自然下垂或微屈肘，两脚自然左右开立，身体重心移至两脚间。当球下落至接近颠球一侧肩部高度时，肩上耸，击球的下侧中部将球向上颠起。

（5）头部颠球

两脚开立，膝盖微屈，用前额部位连续顶球的下部。顶球时，两眼注视球，两臂自然张开，以维持身体平衡。

2.颠球技术训练

（1）一人一球颠球

①原地颠球。每人一球用某一部位颠球，或用多部位颠球（如脚背正面和脚内侧交替进行）。亦可安排高、低交替颠球，让练习者用某个部位颠几次球后，用力将球颠高接着改颠低球，高高低低，反复交替进行。体会触球部位和力量，可增加难度，提高控球能力。②行进间颠球。每人一球颠球向前移动，保持稳定性，尽量使球不落地。可由慢到快逐渐提高练习难度。

（2）两个人一球颠球

用脚背、大腿、头部以及身体各有效部位触球，掌握好触球的力量，尽量不让球落地。每人可触球一次或多次后传给对方，连续进行。

(3) 四五人一组颠球

①四五人一组，围圈用两球颠球。可规定每人触球的次数与部位，也可自由掌握触球的次数和部位。颠传时要注意观察，避免将球传给正在颠球的队员。②四五人一组一球，围圈颠、传、抢。规定一人在中间进行抢截，周围颠球者可颠传给同伴，待抢截者触到球或颠球者球落地，二者即交换角色。

(五) 抢球技术及其训练

1. 抢球技术

(1) 正面抢球

①正面跨步堵抢：准备用跨步堵抢时，抢球者两脚前后开立，迎着运球者而站，两膝微屈，身体重心下降并置于两脚间，当运球者与抢球者间的距离缩小到一定范围（抢球者上前跨一大步可能触及球），运球者在脚触球后即将落地或刚刚落地时，抢球者后脚用力蹬地并跨步向前，以脚内侧去堵截球，当已堵住球时，另一只脚应迅速上步。若抢球脚堵住球，两位对手也堵住球时，则抢球者应将另一只脚迅速前移做支撑脚，抢球脚在不脱离球的情况下迅速向上提拉，使球从对手脚面滚过，身体重心也迅速跟上并将球控制好。②正面铲球：移动接近控球者，膝关节微屈，重心下降，当控球者触球脚触球后尚未落地时，抢球者双脚沿地面向球滑铲，随即用手扶地做向一侧的翻滚，并尽快起身。

(2) 侧面抢球

①异侧脚铲球：当双方都不能用正常的动作触球时（指跑动中），防守者应根据与球的距离，同侧脚用力蹬地使身体跃出，异侧脚向前沿地面对着球滑出，脚底将球铲出，然后小腿外侧、大腿外侧、手依次着地，或铲出球后身体向铲球腿一侧翻转，手撑地后立即起身，使身体恢复到与下一动作衔接的状态和位置。②合理冲撞抢球：当防守者并肩与运球者跑动追球时，防守者重心稍下降，靠近对手一侧的手臂紧贴身体，利用对方同侧脚离地的过程，用肘关节以上部位适当冲撞对手同样部位，使对手身体失去平衡，趁机将球控制住。

2.抢球技术训练

抢球技术训练应与实战相结合，在激烈的对抗情况下进行训练，才能取得理想的效果。①原地抢球训练：两人一组，在甲的脚前放球，乙与甲相距2米，乙上步做正面脚内侧堵抢训练，当乙触球瞬间甲也用脚内侧触球。让乙体会上步动作及触球部位。两人轮换训练。②运动抢球训练：两人一组，相对站立，甲运球跑向乙（慢速），乙选择好时机进行正面脚内侧堵抢。当甲、乙在训练中同时触球时，乙立即提拉球，将球拉过甲的脚面并控制住球，甲、乙体会抢球提拉时机。两人轮换训练。③合理冲撞训练：两人一组，两人同方向慢跑，在跑的过程中两人做适当的合理冲撞，体会冲撞的时机、部位、用力等。④合理冲撞争抢球训练：两人一组，球在两名队员前5米处。听到口令后两人同时向球跑去，跑步过程中选择适当的位置和时机合理冲撞将球控制。⑤铲球训练：练习者将球放在前面某一位置，从原地跑出做铲球动作，动作熟悉后，练习者可将球沿地面缓慢抛出后追球跑，将球铲掉。抢球技术与射门或传球技术结合训练，在训练过程中根据不同的训练任务，对攻守方分别提出不同的要求。

（六）头顶球技术及其训练

1.头顶球技术

（1）前额正面头顶球

①前额正面原地头顶球：身体正对来球方向，两脚左右开立（或前后开立），膝关节微屈，重心置于两脚间的支撑面上（或后脚上），两臂自然张开。当球运行到将垂直于地面的垂线时，迅速向前摆体，两腿用力蹬地，微收下颌，在触球瞬间颈部做爆发式的振摆，用前额正面击球中部，上体随球前摆。②前额正面原地跳起头顶球：两膝屈，重心下降，然后两脚用力蹬地起跳，同时两臂屈肘上摆，在身体上升阶段展腹挺胸，眼睛注视来球，两臂自然张开，身体自然成背弓。当球运行至身体的额状面时，迅速收腹，上体前摆，触球瞬间颈部做爆发性的振摆，用前额正面将球顶出。同时两腿向前做振摆，球顶出后两腿屈膝、屈踝落地。③前额正面跑动跳起头顶球：根据来球的速度、运行轨迹，选好起跳位置，及时跑到起跳点，起跳的前一步要稍微大些，起跳脚蹬地跳起。同时，另一腿屈膝上摆，两臂屈肘自然上提。其余各环节和原地跳起头顶球相同。

（2）前额侧面头顶球

①前额侧面跳起头顶球：起跳动作及第一环节和前额正面跳起头顶球相同。在起跳后的身体上升阶段上体向出球的相反方向侧摆，在身体达到最高点时，上体急速向来球方向摆出，颈部扭摆甩头，用前额侧面击来球的后中部，将球击向预定的目标。落地时屈膝以缓冲落地力量并保持身体平衡。②前额侧面跑动头顶球：跑动头顶球和原地头顶球动作要领相同，不同的是此动作是在快速跑动中开始和完成的，而且注意完成动作后的身体平衡。

2.头顶球技术训练

（1）个人练习

自己用双手举球在头前，用前额正面或侧面去触击球。做各种头顶球的模仿动作练习。利用吊球进行练习。改变吊球架上足球的高度进行各种顶球的练习。自抛球由墙弹回时，进行各种顶球练习。

(2) 两个人练习

两个人一组一球，面对面站立，间隔10米，一人抛球，另一人原地跳起头顶球。两个人一球，相距20米左右，甲用脚传头顶球飞向乙，乙顶回给甲。数次后轮换传、顶球。鱼跃头顶球练习。先进行鱼跃落地动作练习，较熟练地掌握落地动作后，一人抛球，另一人在垫上进行鱼跃头顶球练习。顶球射门练习。顶球队员站在罚球弧附近，掷球队员站在球门内或球门侧面将球抛至罚球点附近，顶球队员跑上来顶球射门。

(3) 多人练习

向后顶球。三人一组，每人相距6米~8米，站成一路纵队。甲抛球给乙，乙向后顶给丙，丙再抛给甲。可做“不跳起”或“助跑跳起”向后顶球，也可以踢远距离高球，做后顶球练习。争顶球练习。三人一组，一人传球，另两人与传球人相距20米以外。传球队员传出高球，两人争顶（一人防守，另一人进攻）。可将练习移至门前，一人在侧面传高球（或踢角球），另两人在罚球点附近，其中一人向外顶球，另一人向球门里顶球。

第二节　排球的技能与训练

一、排球技术基本理论

（一）排球技术的基本概念

排球技术是在比赛规则允许的条件下，做出符合人体解剖学及生物力学原理的各种合理击球动作和配合动作的总称。排球技术要符合个人特点，要能最大限度地发挥人体机能水平，并在比赛中取得良好的效果。

排球技术是各种战术的基础，任何战术的组成都必须有相应的技术做前提。在现代排球比赛中，攻防转换的速度越来越快，网上、网下的争夺更加激烈，对运动员的时空感要求极高，打破了前后排技术的界限。因此，排球运动员只有掌握和熟练运用各种进攻和防守技术，才能适应当今的排球运动发展趋势。

（二）排球技术的特点

排球技术是在比赛规则允许的条件下所采用的各种合理击球动作和配合动作的总称。这些击球动作和配合动作应符合人体解剖学及生物力学的原理，符合个人特点，能最大限度地发挥人体机能水平，并能在比赛中取得良好效果。因此，在完成动作时，应协调、轻松、省力，能充分反映个人特点和特长，充分利用时间和空间的变化。总体来说，排球技术具有以下几个特点。

1.完成技术动作的时间短促

排球运动的规则规定，击球动作清晰准确，不允许球在手中停留，因此，运动员要在短暂的时间内根据场上瞬息万变的情况及时准确地判断来球的方向、性能、落点，保持好人、球、网三者的关系，确定击球的方向、弧度、落点。要求队员必须准确、快速地完成击球动作并具有良好的“球感”。

2.技术动作都是球在空中飞行时完成的

在排球运动中，从发球开始，球即进入空中飞行。而且，排球运动受规则球落地即为失误所决定，无论球在空中飞行距离的远近高低、速度快慢，运动员采取的各种击球动作都必须要求球在空中飞行时完成。要求队员有良好的空间、时间和位置感觉。

3.攻防技术的转换性与技术效果的双重性

排球技术分为进攻技术和防守技术两大类，发球与接发球、扣球与拦网，就是这两类技术在双方交战时的运用。同时，排球的各项技术又都是攻中有防，防中有攻，两类技术处在频繁的转换交替之中。各项技术运用成功即可得分得权，如果运用失误便会失分失权，故技术效果具有双重性。

4.技术动作高度的技巧性

排球技术动作多样，要领细腻精确。规则规定，球不能在手中停留，球落地即为失误，除拦网外每人不得连续击球两次，球在一方有一定的击球次数限制。这就要求排球技术必须具有相当高的技巧性。

5.移动距离短、身体活动范围大

在排球运动中，由于6名运动员在长18米、宽9米的排球场地都有明确的分工，因此，运动员所采用的技术动作一般是在短距离、高速度的情况下进行的。轮转到前排时，要力争在个人绝对高度的最高点击球；在后排时，要降低身体重心，尽量扩大防守面积。

6.全身各部位都能触球

排球规则规定，球可以触击身体任何部位，这一规定使防守技术更加多样化，扩大了防守范围，增加了起球机会，使排球比赛更加精彩，更具趣味性和观赏性，也对运动员掌握技术动作提出了更高要求。

7.技术与战术的统一性

排球技术与战术的关系是互相联系、互相依存、相辅相成的。技术是战术的基础，任何战术的组成，都必须有相应的技术做前提。所以在训练排球技术的同时，要根据战术目标的要求，把技术与战术统一起来。

（三）排球技术的基本分类

排球技术有两种：一种为有球技术，或称击球动作，包括发球、垫球、传球、扣球和拦网等；另一种为无球技术，又称配合动作，包括准备姿势和移动等技术动作。

排球技术主要是由步法和手法组成，并将躯干动作、视野和球场意识融为一体。

二、排球无球技术教学与训练

（一）排球准备姿势的教学与训练

1.排球准备姿势的基本技术

在进行移动和各种击球动作前所做的合理的准备动作称准备姿势。准备姿势是完成各种技术和组成战术的基础。它为移动和击球做好了充分的准备，为更快捷地移动和准确击球创造条件。良好的准备姿势可以应对比赛中各种可能发生的情况，可以迅速起动，快速移动，接近来球，占据良好的击球位置，以便完成各种击球动作。

按照身体重心高低，准备姿势可分为半蹲、稍蹲和低蹲准备姿势。这三种准备姿势也对应于不同的技术动作的准备和移动。

（1）半蹲准备姿势

两脚左右开立稍比肩宽，一脚稍前，双脚尖内收，脚跟稍提起。膝关节保持一定的弯曲，其关节的投影在脚尖前面。上体前倾，重心靠前。双臂放松自然弯曲，双手置于腹前。全身肌肉适当放松，两脚注视来球，双脚始终保持微动状态。

（2）稍蹲准备姿势

稍蹲准备姿势比半蹲准备姿势重心稍高，动作方法相同，一般用于扣球助跑前或对方正在组织进攻时需快速起动的场合。

（3）低蹲准备姿势

两脚左右、前后的开立大于上述两种准备姿势，身体重心更靠前，两膝的弯曲程度更大，重心更低，膝部前移，两肩的投影线超出膝部，膝部的投影线落在脚尖前；两手臂稍向前伸，手更靠近地面。

2.排球准备姿势的技术分析

（1）膝关节保持一定的弯曲及脚跟稍提起，便于及时向各个方向起动；同时，由于预先拉长了伸膝的肌肉群，因而能增大向后移动的蹬地力量。

（2）上体的前倾有利于向前或侧前方移动。双手置于胸腹之间，有利于移动时的摆臂和随时伸臂做各种击球动作。

(3) 身体的适当放松和双脚保持微动，能使神经系统处于适当的兴奋状态，从而有利于克服静止的惯性和肌肉的快速收缩。

3.排球准备姿势的教学与训练

(1) 准备姿势的教学顺序

首先学习最基本的半蹲准备姿势，然后学习稍蹲和低蹲准备姿势。然后再由原地过渡到行进间的练习，进一步结合其他技术的练习。

(2) 准备姿势的教学步骤

1) 讲解。准备姿势的目的与作用，准备姿势的分类，半蹲准备姿势的动作方法，有关稍蹲准备姿势、半蹲准备姿势、低蹲准备姿势的异同点。其讲解的顺序应为：两脚位置→双腿动作→重心位置→上体姿势→手臂位置与动作→两眼注视方向→全身保持的状态。

2) 示范。教师面对学生，应采用边讲解边示范的方法。示范时应是镜面示范和侧面示范相结合。

(3) 准备姿势的训练方法

1) 学员站成两列横队，教师站于队伍前中央。学生看教师的手势，做各种准备姿势。

2) 队形同上。学员原地做各种跑跳动作，看到教师发出的信号后，立即做好预定的准备姿势。

3) 两人一组，一人做准备姿势，另一人纠正其错误动作，两人交换进行。

4) 学生围成一圈进行慢跑，听到或看到教师发出手势或哨音的信号后立即做好预定的各种准备姿势。

5) 慢跑方式同上。看到教师的信号后迅速转身180°做好准备姿势，再看到教师的信号后，继续慢跑。

6) 准备姿势的练习结合各种技术的练习。如在接发球时首先应强调做好半蹲准备姿势等。

(4) 准备姿势的易犯错误和纠正方法

1) 易犯错误

①有意提脚跟。

②脚掌完全着地。

③直腿弯腰。

④臀部后坐。

2) 纠正方法

①详细叙述脚跟提起是腰、膝、踝弯曲所引起的自然动作的原理。

②及时提示抬起脚跟，使其两腿前后距离略大些。

③多做低姿势移动的辅助练习。

④详细介绍重心靠前的原理，使双膝投影超过脚尖。

（二）排球移动步法的教学与训练

1.排球移动步法的基本技术

从起动到制动的过程为移动。移动的目的主要是及时接近球，保持好人与球的位置关系，以便击球。迅速地移动可占据场上的有利位置，争取时间和空间。队员能否及时移动到位，直接影响着技术、战术的质量。移动是由起动、移动步法和制动三个环节组成的。移动步法有并步与滑步、交叉步、跑步、综合步五种。

移动前应根据场上的情况采取合理的准备姿势，以便及时地进行起动，快速移动到位。

（1）起动

在准备姿势的基础上，迅速抬腿收腹，使上体向移动方向探出，同时移动方向的（除交叉步）异侧腿迅速蹬地，使整个身体快速向来球方向起动。其动作主要有以下几个要点：

1）根据场上的情况，采取不同的准备姿势。身体重心越高，稳定性就越小，起动越快。

2）起动的力学原理是破坏平衡。当人体向前抬腿，身体失去平衡而前倾，达到了起动的目的。收腹和上体前倾，有利于身体重心的前移和降低，从而使蹬地角减小，增大了后蹬的水平分力，达到快速起动的目的。

3）起动时的主要动力源于蹬地腿的肌肉爆发式的收缩，蹬地腿预先拉长的肌肉爆发力越大，起动就越快。

（2）移动步法

移动的目的主要是及时接近球，保持好人与球的位置关系，以便击球，同时也为了迅速占据场上的合理位置。

1）并步与滑步

两脚前后站立与肩同宽，两膝微屈，上体稍前倾，两手自然放松置于腰腹。并步时，前脚向来球方向跨出一步，后脚迅速蹬地跟上，并做好击球前的姿势。并步的优势是容易保持身体平衡，便于做击球动作，并步可向前、后、左、右各方向移动。滑步与并步是同一类动作，并步是短距离脚步的并列移动，滑步是连续的并步移动。当来球和身体的距离大约在一步时可以运用并步移动，如向前移动的时候，后腿要蹬地，前面一只脚要向来球的方向跨出一步，后腿要迅速跟上做好击球的准备。当球在身体侧面，距离来球较远而且并步不能立刻接近球的时候，可以快速运用连续的并步，这种连续的并步就是滑步。

2）交叉步

以右交叉步为例，两脚左右开立，向右侧交叉步移动时上体稍向右转，左脚从右脚前向右交叉迈出一步，然后右脚再向右侧方向跨出一大步，同时重心移至右脚，身体转向来球方向，保持击球前的姿势。交叉步的特点是步子大、动作快，便于制动。

3）跨步与跨跳步

以向前移动为例，跨步时后脚用力蹬地，前脚向来球方向跨出一大步，膝部弯曲，上体前倾，身体重心移至前脚。跨跳步是在跨步的基础上，后脚向来球方向蹬离地面，有一个腾空阶段。前脚落地后，迅速屈膝，后脚及时跟上，同时降低重心，上体前倾，准备击球。

4）跑步

球离身体较远时需跑步。采用跑步时，两臂要配合摆动，球在侧方或后方时，应边转身边跑，并逐渐降低重心，保持好击球的准备姿势。

5）综合步

综合步是以上步法的综合应用，跑步后可接滑步，滑步后可接跨步移动等。

（3）制动

击球前，身体重心必须相对稳定，才有利于完成各种击球动作，并控制好击球的方向、路线和落点，所以在移动后必须有良好的制动过程。

1）一步制动法

一步制动时，在移动的最后跨出一大步，降低身体重心，膝部和脚尖适当内转，全脚掌横向蹬地，以抓住身体重心继续的惯性力。同时以腰腹力量控制上体，使身体重心的垂直线停落在脚的支撑面以内。

2）两步制动法

两步制动时以倒数第二步做第一次制动，紧接着跨出最后一步，同时身体后倾、两膝弯曲，重心下降，用脚内侧蹬地，以抵抗向移动方向的惯性，使身体处于有利于做下一个动作的状态。

2.排球移动步法的技术分析

（1）起动技术分析

1）起动是移动的开始，起动的快慢是移动速度的关键。

2）起动的力学原理是破坏平衡。移动时身体应向移动的方向前倾，重心降低，使后蹬角减小，增大后蹬的水平分力，达到加速起动的目的。

3）起动时主要用力在于蹬地腿的爆发力。爆发力越大，起动速度越快。

（2）移动技术分析

1）移动是一个由平衡到不平衡，再到平衡的过程。

2）并步有利于保持身体平衡，快速做到制动，便于做击球动作。并步可向前、后、左、右各方向移动。主要用于传球、垫球和拦网技术。

3）无论是跨步还是跨跳步，在移动时都应尽量保持身体重心向水平方向移动，减少重心的上下起伏，以缩短重心的移动路线，增加移动速度，并且有利于接倒地等动作。

4）交叉步的移动特点是步子大，动作快且制动强，主要用于二传、拦网和防守。

5）跑步也可以向各个方向移动。其特点是速度快，但制动较困难，需要两三步的减速后方可制动。

（3）制动技术分析

1）制动的本质是恢复平衡。制动和起动是完全相反的两个过程。当移动后跨出一大步，跨出脚给地面以蹬力，地面支撑反作用力的水平分力和身体重心的移动方向相反，从而使身体重心移动速度减小，起到制动的作用。移动后的身体重心后移和降低，有利于减小蹬地角，加大制动的水平分力。

2）一步制动多在短距离移动之后速度较慢、冲力较小时采用；两步制动则主要在快速移动之后冲力较大时使用。

3.排球移动步法的教学与训练

（1）移动步法的教学顺序

按照并步、跨步和交叉步的顺序学习移动，同时介绍滑步、跑步和综合步法。一般安排在课的前段，可结合发展反应、灵敏、速度及协调等身体素质的练习进行教学和训练。在初步掌握各种步法后，可规定用各种步法进行各种接力比赛或安排学生面对面地做各种方向的移动练习，进而再做各种转身后的移动练习。

（2）移动步法的教学步骤

讲清移动的目的、作用、特点及分类，各种移动的动作方法。

（3）移动步法的训练方法

可采用边讲解边示范的方法。无论是进行向前移动还是侧向移动的示范应主要以侧面示范为主，示范队形与位置和准备姿势相同。

1）集体移动练习。学生排成两列或四列横队以半蹲准备姿势站立，按教师信号（手势或球或哨音）做前、后、左、右的一步或两步移动练习。

2）两人面对面站立成半蹲准备姿势，双手互拉，由其中一人领做，向各种方向移动。

3）从端线起，以教师规定的步伐前进6米、后退3米，如此连续往返行进到场地的另一端线。

4）学员在规定地点做好准备姿势，教师以垂直抛球为信号，学员力争在球没有落地之前从球下钻过。抛球的高度应根据队员的距离以及移动能力来确定。

5）两学员分别在网前的两边站立。一人顺网做滑步或交叉步移动后的起跳动作，另一人尽量跟上做同样的动作。

6）学员在中线与进攻线之间，用低姿势进行左右滑步或交叉步来回移动，并用手摸中线和进攻线。

7）队形同上，采用坐、跪、卧等姿势，学员看到信号后快速起动冲刺，钻过球网。

8）两人一组，站立同上。在规定的时间内，一人任意左右来回移动，力争晃开对方钻过网并触及进攻线，另一人则竭力阻止对方穿过。

9）学员在教师面前站立，教师向任意方向抛球，学员根据抛球的方向迅速跑动，在球没有落地前将球接住或用传球、垫球等技术将球传到指定的位置。

（4）移动步法的易犯错误和纠正方法

1）易犯错误

①起动慢，重心过高，移动时身体起伏大。

②制动不好，制动后不能保持准备姿势。

2）纠正方法

多做起动辅助练习，如各种姿势下的起跑，多做穿过网下的往返移动脚和膝内扣，最后一步稍大。

三、排球有球技术教学与训练

（一）排球发球技术的教学与训练

发球是排球运动的一项重要的基本技术。它是比赛的开始，也是排球比赛的重要进攻和得分手段。它是后排右边队员在发球区由自己抛球，用一只手将球击入对方场区的一种击球方法。随着排球运动的发展，发球技术也在不断地创新与提高。

发球是排球技术中唯一不受他人制约的技术。准确而有攻击性的发球不仅可以直接得分，而且可以破坏对方的战术策略，并起到先发制人、争取主动、摆脱被动的作用。有威力的发球还可以鼓舞全队士气，不断扩大战果，从而打乱对方阵脚，在心理上给对方造成压力。反之，攻击性不强的发球，不但会失去直接得分和破坏对方“一攻”的机会，而且容易使对方形成有效的进攻战术，给本方造成压力。同时，发球失误也会使本方失去发球权或失分。因此，发球既要有攻击性，也要有准确性，应在准确性的基础上加强攻击性。

发球时可运用正面、侧面、上手、下手、助跑或起跳等方式进行发球。可以根据发球站位与端线之间的距离将排球发球分为远距离发球（距远端线8米以外）、近距离发球（靠近端线后）、中距离发球（介于端线与端线后8米之间）三种。也可根据排球发球的技术结构和性能将发球分成以下多种。

1.排球发球的基本技术

（1）正面上手发球

1）正面上手发球的基本技术

正面上手发球由于面对网站立，便于观察对方，发球的准确性大，易控制落点，并能充分利用转体、收胸、收腹的动作带动手臂挥动。发出的球应呈上旋状态，以便在加大发球力量时使球不易出界。正面上手发球一般适用于身材较高、腰腹力量较大、挥臂速度较快的运动员使用。

准备姿势：面对球网，两脚自然开立，左脚在前，右脚在后（以右手发球为例，下同），左手或双手托球于身前。

抛球引臂：左手将球平稳地抛于右肩的前上方，高度适中，同时右臂抬起，屈肘后引，肘与肩平，上体稍向右侧转动，抬头、挺胸、展腹、手掌自然张开。

挥臂击球：利用蹬地，使上体向左转动，同时收腹，带动手臂向前上方快速挥动。在右肩前上方伸直手臂到最高点处，用全掌击球的后中下部。击球时，手指和手掌要张开与球吻合，手腕要迅速做推压动作，使击出的球呈上旋状态飞行。击球后，随着重心前移，迅速入场。

2）正面上手发球的技术分析

①发球前的选位与准备：发球前，队员要根据自己的发球特点、所发球的性能和要攻击的目标来选择站位。左脚在前，便于自然右转，也便于左转体挥臂击球。发球前队员应做好充分的准备。做到有坚定的信心，情绪稳定，不急躁、不紧张。注意观察对方的站位和布局，以选定自己要攻击的目标，破坏对方的接发球和进攻战术。

②抛球时应平稳上抛，以提高击球的正确性。如果抛球靠前，易造成手臂推球，用力脱节，不易将球击过网；抛球靠后，不能充分发挥转体和收腹的力量。抛球过高或过低都不能准确地击球或造成来不及完成击球动作。抛球的高度应能在刚好完成引臂和挥击动作时球落在右肩上方一臂距离，从而不影响动作的节奏。抛球后手臂的后引及身体向右转动，可预先拉长胸、腹、肩、背等肌肉，为击球的发力做好准备。

③击球是发球的关键，击球的好坏直接影响到发球的质量。击球的发力，首先从蹬地开始，预先拉长的肌肉群和手臂各肌肉群可增加肌肉的距离；挺身、转体动作带动手臂挥动，加长了转动半径，手的线速度加大，从而增加了击球的力量。

④击球的挥臂应以腰带肩，以肩带上臂，上臂带前臂，前臂带手腕，依次加速，最后将速度传至手上，从而使手掌获得最大的加速度。

⑤击球时以全掌击球的后中下部，可以使手与球的接触面积增大，手作用于球的时间加长，以便击准和控制击球的方向。击球时手腕的推压可使球呈上旋状态飞行，避免球出界。

（2）正面上手飘球

飘球是一种使球不产生旋转，从而使球不规则地向前飘晃飞行的发球方法。这种发球使接发球的队员难以判断球的飞行路线和落点。发球者面对网站立，便于观察，寻找对方的弱点，发球的准确性较高。目前这种发球已成为世界各强队的主要发球手段。

1）正面上手飘球的基本技术

准备姿势：同正面上手发球。

抛球引臂：同正面上手发球。但抛球比正面上手发球稍低，稍靠前些。

挥臂击球：动作与正面上手发球一样做鞭甩动作。但击球前手臂的挥动轨迹不呈弧形，而是自后向前做直线运动。击球时五指并拢，手腕稍后仰，用掌根平面击准球体中下部，手指紧张，手型固定，不加推压动作，击球结束，手臂要有突停动作。击球后，迅速进场。

2）正面上手飘球的技术分析

①抛球的高度相比正面上手发球要低，应平稳向上送出，使球在空中不产生旋转，以便击准球。

②击球时用掌根，可使击球面积减小，力量集中，发力短促，易造成球的飘晃。

③击球时手型固定，不允许有手腕的推压等多余动作，保证用力通过球的重心，使球不旋转，从而产生飘晃。

④发球的用力不需要像正面上手发球那样全身用力，主要靠挥臂动作。动作幅度相对较小。

⑤手在挥臂时的运行轨迹应是一条直线，以利于力通过球的重心，不像正面上手发球做弧形摆动。

⑥发球的站位可在端线附近，也可站在离端线7～8米以外的地方发球。距离近可使发球具有突然性；而距离远可加大发球力量，加强球的威力。

（3）正面下手发球

正面下手发球动作简单，容易掌握，准确性大，适用于初学。但球速慢，力量小，攻击性不强。

1）正面下手发球的基本技术

准备姿势：面对球网，两脚前后开立，左脚在前，两膝弯曲，上体前倾，左手持球置于腹前。

抛球引臂：左手将球轻轻抛起在体前右侧，球离手约一球高度，同时右臂伸直，以肩为轴向后摆。

挥臂击球：右脚蹬地，身体重心随着右臂由后向前摆动而前移，在腹前以全手掌击球的后下部。击球后，随击球动作重心前移，迅速进场比赛。

2）正面下手发球的技术分析

由于此项发球较为简单，一般在一些初级球员中被运用。在运用时，要保持动作的协调，重心不能太高，对落点要有较为明确的控制，同时此类发球一定要保证较高成功率，避免失误的发生。

（4）侧面下手发球

侧面下手发球可借助转体力量带动手臂挥动击球，比较省力，但攻击性不强，一般适用于初学的女生。

1）侧面下手发球的基本技术

准备姿势：左肩对网，两脚左右开立，约与肩宽，两膝微屈，上体稍前倾，重心落在两脚间，左手持球于腹前。

抛球引臂：左手持球平稳抛至胸前，距身体约一臂远。

挥臂击球：在抛球的同时，右臂摆至右侧下方，接着利用右脚蹬地向右转体的力量带动右臂向前上方摆动，在腹前用全手掌击球的右下方，击球后顺势使重心前移，迅速进场。

2）侧面下手发球的技术分析

侧面下手发球技术和正面下手发球相似，要保持动作的协调，注意重心由低到高地转移，对落点要有较为明确的控制，同时此类发球一定要保证较高成功率，避免失误的发生。

（5）跳发球

跳发球是利用弹跳高度在空中进行击球的一种发球。它可以提高击球点，居高临下地将球击入对方场区。由于队员跳起在空中，身体能充分伸展，并能充分发力，因此可以加大发球力量，增强发球的攻击性。

1）跳发球的基本技术。

准备姿势：队员面对球网，站在离端线3～4米处，以右手或双手持球置于体侧或腹前。

抛球引臂：用右手或双手将球抛至右肩前上方，抛球高度一般为肩上方2米左右，落点在端线附近。

助跑起跳：随着抛球动作，队员迅即向前做2～3步助跑起跳。起跳时，两臂要协调而积极地摆动，摆幅要大。

挥臂击球：挥臂击球动作似正面扣球。

落地击球后，尽量使双脚同时落地，两膝顺势弯曲缓冲，迅速入场。

2）跳发球的技术分析

跳发球是排球中经常用到的发球方式，特别是在男子比赛中，这项技术被提升到了一个更高的水平。在跳发球的技术中，主要是身体在空中的一个协调发力过程，在运用时，要注意身体协调性的发展，把动作进行分解练习，分别对抛球、起跳、空中跃起发力等技术进行强化练习。

2.排球发球技术的运用

排球发球技术的运用主要靠发球队员自己掌握。在比赛中，根据临场变化情况，灵活地运用各种发球技术，可达到攻击对方的目的，对争取比赛的主动权有着重要的作用。因此，队员个人要熟练地掌握两种以上的发球技术，在提高发球的稳定性和准确性的基础上，加强发球的攻击性，提高发球的战术意识，根据临场情况，合理、灵活地运用发球的各种个人战术。

（1）发攻击性强的球

当对方接发球技术和组织进攻战术发挥得较好、本方得分比较难、比分又落后时可采用攻击性强的发球技术，以便破坏对方接发球，使其不能及时组织进攻战术，打破被动的局面。如发弧线低、速度快、力量大、旋转强的大力球或力量狠、飘度大的平冲重飘球。

当比赛进入关键时刻，本方前排进攻和拦网发挥较好，而对方正处于较弱的轮次时，发球队员尽量避免失误，可采用稳定性大的发球技术，争取多发球，抓住战机得分。

（2）发各种变化球

主要有以下方法：

1）利用发球队员站位的远近变化来发球。发球队员可以靠近端线发球，也可以站在端线后8米左右处发远距离的球，使对方接发球失误。

2）长线和短线变化发球。如时而发到后场区，时而发到前场区。

3）大力和飘晃的变化发球。如时而发大力球，时而发飘球。

4）轻球和重球的变化发球。如时而发下沉轻飘球，时而发平冲重飘球。

5）利用快慢变化发球。当对方失误过多、场上混乱、队员思想不集中或接发球站位较慢时，发球队员尽快站好位置进行快速发球，以打乱对方接发球的部署，造成对方接发球的失误。

（3）发球找人和找空当

1）发球找人

①将球发给对方接发球技术差、连续失误、情绪急躁、注意力分散、接球信

心不足或刚上场的队员，易造成其失误。

②将球发到对方快攻队员前面或背后，使其向前或后退接发球，破坏或干扰其组织快攻战术。

2）发球找空当

①将球发到对方前、后排接发球队员之间的空当区，造成对方接发球困难或互抢互让，使其接球失误或破坏其组织进攻战术。

②将球发至对方接发球队员与二传队员交换位置的区域，或对方后排插上队员的移动路线上，破坏其组织进攻战术。

3.排球发球技术的教学与训练

（1）发球技术的教学顺序

学习正面上手发球之前，一般应先学习下手发球。可男、女生同时学习正面下手发球；也可根据男、女生特点分组进行练习，男生学习正面下手发球，女生学习侧面下手发球；还可以男、女生同时学习两种技术。学习的顺序可按照下手发球、正面上手发球、正面或勾手飘球顺序进行。先学习下手发球，是因为下手发球容易掌握，使学生能在一开始的比赛中使用，减少发球的失误率和比赛中的中断次数，提高学生对排球运动的认识和兴趣。

（2）发球技术的教学步骤

1）讲解。发球在比赛中的地位与作用，发球的动作方法，抛球、击球、手法三要素。

2）示范。先做完整的发球动作示范，然后边讲解边做分解动作的示范，再做完整动作的示范。

3）组织练习。学习发球技术一般经由以下几个环节，由徒手到结合球；由近距离到远距离发球；由不结合网到结合网；由力量小到力量大；由技术性发球到战术性发球。

4）纠正错误动作。

（3）发球技术的训练方法

1）徒手训练

以上手发球为例，根据动作方法，集体徒手做击球练习，击球时抛球手高举至右肩前上方的击球点，击球手按照动作要求，击打左手。

2）抛球训练

在墙或球网边进行抛球，要求平稳上抛，位置、高度和距离都要固定。

3）击球训练

①对墙发球。站在距离墙边4~5米处，连续发球。脚下移动范围为2米×2米，逐渐拉大距离。看谁发得多，移动得少。

②对网发球。两人一组，站在端线外对网发球。在开始阶段，主要要求学生的技术动作，而不要求力量，待技术较为成熟后，再逐渐加大发球力量。

③将后场分成2个区域，要求将球发至规定区域内。

④将场地分成6个区域，要求将球发到规定的区域内。

⑤双方人数相等，按规定依次将球发到场上的1~6号位，每人6个球，最后计算成功总次数，以决定胜负。发球时不但要求准确性，而且要求具有一定的威力。

⑥四对四、六对六的对抗练习，统计发球得分、破攻、一般及失误等。

(4) 发球技术的易犯错误与纠正方法

1) 易犯错误

①抛球不稳定，影响击球的准确性。

②击球点不正确，使击出的球易下网或出界。

③击球手臂过于弯曲，影响击球速度和击球力量。

④击球后身体重心不前移。

2) 纠正方法

①请学生相互讨论，分析原因，通过观察分析，建立正确的动作概念。

②多练习抛球，直至将球抛得又稳又垂直。

③多进行近距离发球，体会动作要点，固定击球点。

④互相观察发球动作，有利于改进动作。

(二) 排球垫球技术的教学与训练

垫球是用单手或双手手臂或手的坚硬部位，由球的下方向上击球的技术动作。垫球是排球基本技术之一，在排球比赛中占有重要的地位。垫球主要用于接打球、接扣球和接拦回球，它是防守和组织进攻的基础。接发球好，有利于打好接发球进攻，否则，就容易陷入被动或失分。接扣球好，有利于防守反击的组织，是比赛中多得分、少失分，由被动转主动的重要技术，是稳定队员情绪、鼓舞队员士气的有效手段。垫球还可以在二传无法运用传球技术时用来组织进攻和处理球。

根据来球的方向、速度、性能、弧度及垫球的动作不同，垫球技术也可以分为很多种。

1.排球垫球的基本技术

(1) 正面双手垫球

正面双手垫球是双手在腹前垫击来球的一种垫球方法，是各种垫球技术的基础，也是最基本的垫球方法，适合于接各种发球、扣球和拦回球，有些困难球不能用上手做二传时也可用此方法组织进攻。

1）正面双手垫球的基本技术

正面双手垫球的基本手型有抱拳式、叠掌式和互靠式，但无论哪种手型都应该注意手腕下压，两臂外翻。正面双手垫球按来球力量大小可以分为垫轻球和垫重球。

准备姿势：呈稍蹲或半蹲准备姿势。两肘弯曲，自然下垂，两手置于腰腹前。

击球部位：触球时，应以两手臂腕关节以上10厘米左右、桡骨内侧合成的平面上为佳。

击球：当球飞到腹前一臂距离时，两臂前伸插入球下，向前上方蹬地抬臂，身体重心随之向前移动，击球点保持在腹前一臂距离，将球准确地垫在击球部位上，然后做好下一个击球准备动作。

2）正面双手垫球的技术分析

①准备姿势屈膝的深浅和重心的高低主要取决于来球的高低和角度以及运用的时机和自身腿部的力量。一般来讲，在不影响移动速度的情况下，可适当降低身体重心的高度，以便延长球的飞行时间，有更充足的时间做好击球动作。

②击球的手形在通常情况下，两手大拇指都是朝前的。这有利于两手臂形成正确的击球部位，同时也可使两手在特定的情况下形成较好的击球面。

③击球的部位定在两手臂腕关节以上10厘米左右，因为该处肌肉较丰满且富有弹性，能缓冲来球的力量。而且用此处击球可扩大击球面，更好地控制来球，准确地将球垫到目标。击球部位再往上，将使两臂的空隙增大，易造成持球，且不易控制击球方向；如再往下击在手腕或手上，则不但减小了触球面积，而且会使垫球的方向及力量不易控制。

④击球点在腹前，便于控制用力的大小，调整手臂的击球角度，控制来球的落点和方向。

⑤击球的用力程度要根据来球的力量大小和要击球距离的远近来决定。

（2）其他垫球技术

1）体侧垫球

在接发球或防守时，身体来不及移动正对来球，则击球点在体侧，称体侧垫球。这种垫球可扩大击球的控制面，但不易控制击球的方向。当球向左侧飞来时，右脚前脚掌内侧蹬地，左脚向左跨出一步，左膝弯曲，重心移至左脚，两臂夹紧向左伸出，右肩微向下倾斜，用向左转体收腹的动作配合两臂在体左侧截住来球，用两前臂击球的后下部。

2）背垫球

背对球垫出的方向，从身前向背后垫球，叫作背垫球。一般为了接应同伴打飞的球，或第三次处理过网的球时采用。如果可以快速移动到位，要尽可能用正垫和侧垫而不用背垫。背向垫球时，要判断好球的飞行方向，迅速移动到球的落点上，背对出球方向（要清楚地了解方位和距离），两臂夹紧伸直，击球点最好高于肩。击球时要抬头挺胸，展腹后仰，直臂向上方摆动抬头。

3）挡球

来球较高时，用双手或单手在胸部以上挡击来球的击球动作称为挡球。运用挡球可以扩大控制范围，善于挡球的队员，防守时可前压，上挡下垫，提高前区的防守效果。挡球分双手和单手挡球两种。双手挡球时，多用于挡击胸部以上力量大、速度快的来球。单手挡球多用于来球较高、力量较轻，在头部上方或侧上方的来球。

双手挡球：双手挡球的手型有两种，一种是抱拳式，另一种是叠掌式。挡球时，手臂屈肘上举，手腕后仰，用双手手掌外侧平面或与掌根组成的平面挡击球的后下部。击球时手腕紧张，用力适度。

单手挡球：挡球时，手臂屈肘上举，手腕后仰，用掌根或拳心击球的后下部。击球时手腕紧张。如球较高，还可以跳起来击球。

4）单手垫球

当来球快速飞向体侧较远距离，来不及用双手垫球时可采用单手垫球。单手垫球动作快，手臂伸得远，击球范围大。但由于触球面积小，控制球的能力比双手差，故在能用双手垫球时，尽量不用单手垫球。

5）跨步垫球

向前或向侧跨一步垫球的动作叫作跨步垫球。跨步垫球是当来球离身体前方或斜前方较远且低，队员来不及移动对正球时采用，在接发球和防守中运用较多，它又是各种低姿垫球动作的基础。

跨步垫球时，在判断来球落点后，同侧脚迅速向来球方向跨出一大步，上体顺势前倾下压，身体重心落在跨出脚上，同时两臂前伸插入球下，用蹬地、提肩抬臂动作击球的后下部。

6）跪垫

跪垫是采用跪姿垫球，适用于来球低而远时。要点是在低蹲准备姿势的基础上，向来球方向跨出一步，后腿脚内侧和膝关节内侧着地，取得稳定的支撑，犹如半跪，上体尽量前倾，塌腰塌肩，屈肘，使两臂贴近地面插入球下垫球。

7）滚翻垫球

来球低并离身体远时可采用滚翻垫球。接球时，迅速向来球方向移动，跨出一大步，重心下降，完全落在跨出的腿上，上体前倾，胸部接近大腿，两臂伸向来球方向。同时，两脚蹬地向前用力，使身体向来球方向伸展，前臂直插球下，用双手或单手击球的后下部。击球后顺势转体，用大腿外侧、臀部侧面、背部、肩部依次着地，然后顺势低头、收腹、团身，向异侧方向做后滚翻动作再迅速起立。

8）前扑垫球

当来球落在身体前方低而远时，采用向前方扑出击球的方法为前扑垫球。接球前准备姿势较低，上体前倾，重心靠前。击球时，两脚先后蹬地，身体由低处向水平方向伸展扑出。同时，用双臂或单臂插入球下，利用前臂或虎口、手背将球垫起。击球后，两手迅速撑地，屈肘缓冲，胸腹着地，但膝关节应伸直，以免先着地受伤。

2.排球垫球技术的运用

垫球技术在比赛中主要用于接发球、接扣球、接拦回球、处理入网球和垫二传等。

（1）接发球垫球

接发球主要运用正面双手垫球，但由于各种发球的特点和性能不同，接球的动作方法也有所不同。

1）接一般发球

当对方用下手或上手发一般轻球时，由于球速比较慢，接发球队员在判断来球的方向和落点后，应及时取位并做好准备。采用正面双手中位垫球的动作，根据来球的轻重和垫击的距离恰当用力，以协调伴送动作将球垫向目标。

2）接飘球

①接一般轻飘球。这种发球球速不快，带有轻度飘晃。接球时，首先要判断来球的落点，迅速移动取位对准球，且适当降低重心，待球开始下落时，将手臂插入球下垫击。

②接下沉飘球。来球的特点是球飞过网后，明显减速下沉并带有轻度飘晃。接发球时，应注意观察，站位适当靠前，判断落点后，要快速移动取位，重心下降前倾，用低姿垫球的方法将球垫起。

③接平冲飘球。来球特点是弧度平、速度快、飘晃且平冲追胸，落点偏于后场区。接球时，提踵伸膝，升高重心，有时还可轻轻跳起以提高身体位置，保持在腹前击球。击球前，两臂要稍放松，以便随时转动对准飘晃不定的来球。击球时，主要靠充分提肩、顶肘、压腕的动作。若平冲来球较高，可采用让垫方法垫球。

3）接大力发球

大力发球的特点是力量大、速度快、旋转力强，但球的飞行轨迹较规律，容易判断。接大力发球的站位要适当靠近中场。因来球弧线低，接球时身体姿势要低。对力量过大的球，不要抬臂加力，对准球后手臂不动，让球自己弹起。如击球点低时，可以翘腕垫球。

4）接侧旋球

由于侧旋球会向左右旋转飞行，接球时对准来球后，身体要靠向右侧，右臂抬高，以免球反弹后向一侧偏斜。

（2）接扣球垫球

接扣球是反攻得分的基础，是从被动到主动的转折点。因此，接扣球垫球具有重要意义。接扣球时，应及早判断，迅速移动到位，做好正确的准备姿势，根据不同来球，采用不同的接球方法。

1）接重扣球

由于来球力量大、速度快，接球前应保持较低的准备姿势和采取低姿势移动，要根据对方扣球队员及本方拦网的情况来判断扣球路线和落点，迅速移动卡位对准来球，稳定重心，尽量用正面双手垫球动作将球垫起。如来球落点在体前或斜前方时，可向来球方向跨出一步，上体下压，用上臂或虎口部位击球下部；如来球落点在体前或体侧较远时，可跨步后继续蹬地，使身体贴近地面向来球方向伸展，用单手将球垫起，起球后，可用侧倒、侧滚等动作进行自我保护；如来球较平，在胸、脸、头部附近时，可用双手或单手挡球的动作来击球。总之，接扣球时要运用多种垫球技术和各种动作方法来击球。但不管运用何种垫球技术，接重扣球时都要十分注意缓冲，以提高到位率减少失误。

2）接轻扣球和吊球

轻扣球和吊球速度不快，力量较小，但较突然。因此，如能料到对方要轻扣球和吊球时，应及时跟进将球垫起，如判断失误或不能及时跟进时，可采用前扑或鱼跃垫球的方法。

3）接拦网触手的球

拦网触手的球会改变原来扣球的方向，落点也很不固定。无论球落在场内还是场外，都要尽力去抢救，有时还需做两次起动或采用各种倒地扑球动作来垫球。接落在网边的球，要注意制动，以免过中线犯规。对拦网触手后飞向后场的高球，可用双手挡球或跳起单手挡球。

4）接快球

快球的特点是速度快、线路短、落点一般集中在前半场区。接好快球的关键是要预先判定好球的落点，抢先取位。准备姿势要低，但上体不宜过于前倾，两手臂位置也不宜太低，以便于向不同方向快速伸臂。击球手法要多样，单手双手，上挡下垫要灵活运用。

（3）接拦回球垫球

拦回球是指本方队员进攻被对方拦回的球。由于拦网水平的不断提高，拦回球的比例比以前有所增加。

拦回球一般速度快、路线短，落点大多在扣球队员身后、两侧或进攻线左右，因此，取位重点应在前场。准备姿势宜采用半蹲、低蹲准备姿势，上体基本保持正直，两手不宜太低，应置于胸前，以增加控制范围。接快速下降的拦回球可采用前扑、半跪、侧倒等姿势，击球手法要多样，尽可能要双手垫球。无论采用双手还是单手，都要使手臂伸到球的底部，贴近地面，从下向上击球。在身体附近且较高的拦回球，可用双手或单手将球挡起，来不及用手垫的球，可用上臂、肘部外侧或脚将球垫起。在击球动作上，要有明显的屈肘、抬臂或翘腕动作，使球尽量垫向2号、3号位之间。

3.排球垫球技术的教学与训练

（1）垫球技术的教学顺序（以正面垫球为例）

1）学习正面垫球技术。解决好垫球手型、击球点、用力等技术环节，建立正确的动作概念。

2）学习变方向垫球、移动垫球，在垫击中把握判断移动、对准来球协调用力等动作过程。

3）学习单手垫、背垫、救入网球等技术动作，提高控制球的能力。

4）学习运用脚踢球技术防救险球。

5）在基本垫球方法掌握之后，再进行接发球和接扣球教学。

（2）垫球技术的教学步骤

1）讲解：正面垫球在比赛中的应用范围；正面垫球技术的动作方法和技术要领；击球前的准备姿势、手臂动作、手型和击球点，以及击球时的身体协调用力和手臂用力方法。

2）示范：可进行边讲解边示范。在讲解垫球的手型时可进行正面示范，讲解击球点和击球的动作方法或完整示范时则应进行侧面示范。注意击球点和击球时手臂的插入动作，身体的协调用力和手臂上抬动作方法的示范。

3）组织练习：徒手练习，结合球的练习，结合其他技术的练习。

4）纠正错误动作。

（3）垫球技术的训练方法

1）持球接力。分成若干组，面对面并相隔一定距离，持球者把球放在垫击位置上，用走或跑前进。跑到规定距离后，将球交给对方。在练习时，手臂要伸直，球不能落地。跑得快者为胜。

2）自垫。每人一球，自己抛球后，连续向上自垫。可自垫高、低球结合，可进行原地与行进间自垫的结合练习。

3）移动垫球。两人一组，一人向另一人的两侧1.5米处抛球，另一人移动后正面将球垫向抛球者。

4）垫球接力。一种是行进间自垫接力，另一种是原地自垫接力。练习时分成若干组，同组内进行编号，一人自垫5次后叫同组编号，被叫到者接着垫球。

5）三人垫球练习。三人一组，三角形连续垫球练习。

6）发垫练习。相距4~6米，一人发球一人垫球。

7）垫传球交替练习。两人一组，一人垫球一人传球，两人交替进行。

（4）垫球技术的易犯错误与纠正方法

1）易犯错误

以正面垫球为例，在进行垫球中，球员容易出现击球时手臂合不拢、伸不直，臀部后坐，全身用力不协调，主要用抬臂力量垫球，两臂用力不当，臂摆动过大，用力过猛，动作不协调，击球时上体后仰或耸肩膀等错误。

2）纠正方法

上述易犯错误可由以下方法纠正：两手手指交叉轻握，垫抛球或垫固定球，或多做徒手练习，两手并拢用带子绑住垫固定球，体会用力和协调发力，近距离抛垫低球和连续自垫低球，穿过网下垫球。击球后接着用手触地面。

（三）排球传球技术的教学与训练

传球是排球的基本技术之一，它是用双手的配合动作来完成击球的，触球的面积大，加上手指手腕灵活、感觉灵敏，因而容易掌握传出球的方向、速度、弧度和落点，准确性高，变化多。在排球比赛中，传球主要用于二传，为进攻创造条件。另外，传球也常常被用来接发球，接对方的处理球、吊球和被拦回的高球，还可用于二传吊球和处理球，起着进攻的作用。传球是一项细腻精确的技术动作，不仅需要有较高的手指手腕控制和调整球的能力，还需要有较协调的上下肢动作的配合。

传球既可以用双手也可以用单手，又可以跳起传球。为避免持球犯规，球在手中不得停留，因此要求传球动作必须协调、精确、合理、技巧性高。

传球的动作较多，通常根据传球方向分为正传、背传和侧传三类，这三类都可以采用原地传球或跳传，也都可传出各种进攻战术需要的高、低、平、快、集中和拉开球。

1.排球传球的基本技术

（1）正面传球

1）正面传球的基本技术

准备姿势：采用稍蹲姿势，上体稍挺起，仰头看球，两手自然抬起，屈肘，放松置于额前。

迎球动作：当判断来球下降至额前上方一球的距离时，蹬地伸膝、伸臂，两手向前上方迎击球。其击球点在额前上方约一球距离处。

手型：手触球时，十指应自然张开使两手成半球状，手腕稍后仰，以拇指内侧、食指全部、中指的二三指节触球的后下部，无名指和小指在球两侧辅助控制球的方向。两拇指相对近“一”字形。

用力方法：传球用力顺序是从脚蹬地开始，然后伸膝、伸腰、伸臂，手指手腕屈伸，利用来球的反弹力将球传出。

2）排球正面传球的技术分析

①根据传球击球点较高的特点，应采用稍蹲的准备姿势。

②两拇指相对成“一”或“八”字形手型可使手与球体有较大吻合度，触球面积大，容易控制球，有利于缓冲来球力量，增加传球的准确性。

③传球需要全身协调用力，应根据来球的具体情况及传球的要求，采用不同的动作方法，运用不同的力量击球。

（2）其他传球技术

1）背向传球

背传时，身体背面正对传球目标，上体保持正直或稍后仰，双手自然抬起放松置于脸前。迎球时，抬头、抬上臂、挺胸、上体后仰。击球点在额上方，比正传稍高稍后。击球时，手腕后仰，掌心向上，击球的下部，手形与正面传球相同。背传的用力要靠蹬地、展腹、抬臂、伸肘和手指手腕的弹力，将球向后上方传出。

2）侧向传球

身体不转动，主要靠双臂向侧方的传球动作称侧向传球。采用稍蹲准备姿势，背对网站立，传球手型同正面传球，击球点保持在脸前或稍偏向传出方向一侧。传球时，蹬地，双臂向传出方向一侧伸展，异侧臂的动作幅度应大些，同时伴随上体向传球方向侧屈的动作，使球向侧方飞行。

3）跳传

跳传的起跳动作，无论是原地起跳，还是助跑起跳，最好向上垂直起跳，保持好身体的平衡，当身体上升到最高点时，靠迅速伸臂以及加大指腕弹力将球传出。跳传可以正传、背传和侧传，其传球手型、击球点分别与正传、背传、侧传的手型和击球点基本相同。

2.排球传球技术的运用

（1）二传技术

1）顺网正面二传

这是二传中最简单、常用的技术。当一传来球时，二传队员身体不宜正对来球方向，要适当转向传出方向，尽量保持正面传球，使球顺网飞行。顺网正面二传可根据扣球手的需要和对方的拦网情况将球传高一点或低一点，拉开一点或集中一点。

2）调整二传

将一传不到位或离网太远的球调整成便于扣球队员进攻引球，称为调整二传。在比赛中，场上每个队员都有做调整二传的任务。传球时应充分利用蹬地、伸臂及手指手腕等协调力量。调整二传应根据传球和扣球人的位置来确定传球的方向、弧度和距离。

3）背向二传

背向二传可利用球网全长，增加进攻点，使进攻战术更丰富，且有一定的隐蔽性和突发性。传球时，主要靠“手感”来控制传球的方向、速度和落点。背传拉开高球时，要充分利用蹬地、挺胸、展腹和向后上方提肩伸臂动作将球平稳传出。

4）跳起二传

跳起二传主要用于传网上高球和即将过网的一传球。跳起二传可分为双手、单手和晃传三种。

①跳起双手二传。跳起双手二传要掌握好起跳时间，在身体上升到最高点时传球，这样既可传高球，又可加快传球节奏，并有利于两次进攻。

②跳起单手二传。当一传高而将飞过球网，跳起后难以运用双手传球时，可用单手进行二传。单手传适用于传近距离的低、矮球，不适宜传高远球。当一传球飞向球网上空时，二传队员侧身对网起跳，在空中最高点时，靠近球网一侧的手臂屈肘上举，手腕后仰，掌心向上，五指适当收拢，构成一个半球状手型，用伸肘动作传球，五指托住球底部向上弹击。

5）倒地二传

向来球方向跨出一大步，降低重心，身体重心落在跨出的腿上，人插入球下。当向前传球时，击球点保持在脸前；向侧后方传球时，击球点在额侧前上方。在身体即将失去平衡的瞬间，用快速的伸臂和突然转体动作将球传出。击球后，身体顺势倒下，再快速收腿起立。

（2）一传技术

在接轻发球、接推送过来的球以及接吊球较高和拦回较高的球时，可采用传球的方法，更能保证一传的准确到位。接速度较快的来球时，手指、手腕应保持适当紧张，伸臂动作要及时、快速，两手必须同时触及球体，以防止漏球和“倒轮”现象的产生。接对方推过来或吊过来的高球以及拦起的高球时，可用正面上手传球方法将球准确送到位，还可以直接传两次球进攻，或突然直接将球快速传入对方空当。

(3) 三传技术

当防守欠佳，无法组织进攻时，可用传球方式把球击入对方场区。传球时，手指手腕保持紧张，要有蹬地伸膝、伸臂和压腕动作，将球快速地传入对方场地。

3.排球传球技术的教学与训练

(1) 传球技术的教学顺序（以正面传球为例）

1）练习时，应先着重于手型、击球点及上肢发力时间的准确、协调等方面的练习，然后逐渐过渡到全身各部位的协调配合与手指手腕的反弹和控制能力上。

2）初学者一般怕挫手，怕高球和力量大、速度快的来球，因此要从解决手型入手，从易到难，循序渐进。

3）练习时自始至终要强化正确手型、击球点及用力的协调和准确这三个关键环节。

(2) 传球技术的教学步骤

1）讲解：正面传球的作用与重要性，正面传球技术动作方法、要领，重点讲解技术的关键环节。语言应精练、形象、简明。

2）示范：可先进行示范，也可讲解后再示范或边示范边讲解。为使学生看清动作，正面、侧面示范都要做。

3）组织练习：徒手练习，结合球的各种练习。

4）纠正错误动作。

(3) 传球技术的训练方法

1）模仿传球的蹬地、伸膝、伸臂，在额前上方用正确手型做徒手传球动作。

2）轻轻向额前上方抛球，在额前上方用正确手型将球接住，然后自己检查手型和击球点。

3）两人一球，一抛一传，相距4～5米。

4）两人一球对传，相距3～4米。

5）一人抛球，另一人向前移动两步传球或向左、向右移动两步传球。

6）三人一组，交换位置传球；也可以一人固定，两人前后交换位置传球。

（四）排球扣球技术的教学与训练

1.排球扣球的基本技术

扣球，指队员跳起在空中用一只手或手臂将本方场区上空高于球网上沿的球击入对方场区的一种击球方法。

扣球是排球的基本技术之一，也是排球技术中攻击性最强的一项技术，在比赛中占有十分重要的地位。扣球是得分的主要手段，是一个队争取主动、摆脱被动，鼓舞士气，抑制对方最积极有效的武器。因此，扣球的水平，最能体现一个队的进攻质量和效果，是取胜的关键。扣球的攻击性主要是由于它具有击球点高、速度快、力量大、变化多的特点，可以扣出各种不同性能、不同时间、不同角度、不同落点的变化球，使扣球更具进攻威力。

扣球技术按动作可以分为：正面扣球、勾手扣球、单脚起跳扣球、双脚起跳扣球等；按区域可以分为：前排扣球、后排扣球等；按用途和变化分为：快球类、自我掩护扣球类及其他变化类等。

（1）正面扣球

1）正面扣球的基本技术

准备姿势：扣球助跑前采用稍蹲姿势，两臂自然下垂，站在离网3米左右处，身体转向来球方向，观察来球，做好向各个方向助跑起跳的准备。

助跑：助跑开始时，左脚先向前迈出一步，紧接着右脚再快速跨出一大步，左脚及时并上，踏在右脚之前，两脚尖稍向右转。两臂绕体侧向上引摆。

起跳：在助跑跨出最后一步（第二步），左脚并上踏地制动的同时，两臂积极自后向前摆动，随着双腿蹬地向上起跳，两臂配合起跳有力地向上摆动。

空中击球：起跳后，挺胸展腹，上体稍向右转，右臂向后上方抬起，身体成反弓形。挥臂时，以迅速转体、收腹动作发力，依次带动肩、肘、腕各部位关节向前上方成鞭甩动作挥动。击球时，五指微张，以掌心为主，全掌包满球，在手臂伸直的最高点的前上方击球的后中部，同时主动用力屈腕屈指向前推压，使扣出的球呈上旋状态。

落地：落地时，以两脚前脚掌先着地再迅速过渡到全脚掌着地，同时顺势屈膝、收腹，以缓冲下落的力量，立即做好下一个动作的准备。

2）排球正面扣球的技术分析

①助跑的步法有一步、两步、多步、原地垫步等。一步法适合于扣球队员距球较近时采用。两步助跑的第一步要小，便于寻找和对正上步的方向，使静止的身体获得向前的速度；第二步要大，便于接近来球。凡采用两步以上的助跑，即多步助跑的最后一步应稍大。

②助跑制动方法一般有两种：一种是最后一步以脚后跟落地，然后过渡到全脚掌蹬地起跳，这种方法动作幅度大，有利于制动；另一种由前脚掌着地，然后迅速蹬地起跳，这种方法动作迅速，有利于加快起跳。

③跳起后，身体呈反弓形，便于击球时与上肢做相向运动，加大挥臂距离和速度，使扣球更为有力。

④击球点保持在跳起最高点手臂伸直的前上方，能充分利用空间，扩大进攻范围，增加扣球线路和角度变化的可能性。

⑤击球时由腰腹发力，上肢各关节做鞭打动作，有利于全身用力最后集中在

手上，以增加击球力量。

（2）其他扣球技术

1）单脚起跳扣球

单脚起跳扣球是指助跑的最后一步以单脚踏地，另一只脚直接向前上方摆动帮助起跳的一种扣球方法。这种扣球在现代排球中由于各种冲跳扣球的大量采用，使其有了新的发展前景。前脚起跳由于第二只脚不再落地而是直接上摆，且起跳腿下蹲较浅，因而它比双脚起跳动作快0.2秒左右。

进行单脚起跳扣球时，一般采用与球网成小夹角或顺网助跑。助跑时，左脚跨出一大步并以脚后跟着地，上体后倾，在右腿向前上方摆动的同时，左腿迅速蹬地起跳，两臂配合摆动帮助起跳，起跳后的扣球与正面扣球动作相同。

2）双脚起跳扣球

双脚起跳扣球是指队员助跑后，向前上方起跳，而且在空中有一段位移，击球动作在空中移动过程中完成。双脚起跳扣球在后攻和空间差扣球中运用较多。

双脚起跳扣球一般采用两步助跑的方法，第二步的步幅要小于一般正面扣球。踏跳过程中，双脚向后下方蹬地，使身体向前上方腾起，在空中抬头、挺胸、展腹，形成背弓，击球时快速收腹挥臂并用手腕推压击球的后中部。

2.排球扣球技术的运用

（1）远网、近网扣球

扣远网球要用全掌击球的后中部，击球瞬间手腕要有明显的推压动作，使球呈上旋状态飞行。扣近网球主要以收胸动作发力，击球的后上部，但为了提高扣球的击球点和过网点，越来越多的运动员选择击球的后中部。然而，现代排球比赛中为了避开拦网，近网球越来越少。

（2）调整扣球

扣从后场区调整传到网前的球称为调整扣球。由于后场区调整传球的方向、弧度、落点不同，要求扣球队员灵活地运用各种助跑起跳方法（如多步、一步、原地踏跳、倒跨步、后撤步等），调整好人与球之间的距离，采用不同的击球手法，控制扣球的力量、路线和落点。在助跑时应侧身看球。若球与网夹角小，应后撤斜线助跑；若球与网夹角大，则应外绕助跑。

（3）扣快球

快球有近体快球、背快球、短平快球、背短平快球、背平快球、平拉开球、半快球、调整快球、远网快球、后排快球和单脚快球等。快球有时又单指近体快球。不管扣哪种快球都应注意：第一，助跑步伐要轻松、快速、灵活、有节奏，起跳时下蹲要浅、起跳要快，并且时间要准确。第二，击球时，上体和挥臂动作的幅度要小，主要利用前臂和手腕加速甩动击球，挥臂的时间要早。第三，要主动加强与二传的配合，并且由于快球种类繁多，扣各种快球时，要注意各种快球的自身特点。

(4) 自我掩护扣球

采用扣各种快球的假动作掩护自己实扣的半高球进攻，称为自我掩护扣球。可分为时间差、位置差和空间差三大类。利用起跳时间的差异迷惑对方拦网的扣球，称为时间差扣球；利用与对方拦网队员在起跳位置上的差异摆脱拦网的扣球，称为位置差扣球；利用顺网向前冲跳技术，使身体在空中有段移位过程，将起跳点和击球点错开的扣球，称为空间差扣球。

（五）排球拦网技术的教学与训练

1.排球拦网的基本技术

拦网是队员在网前以身体任何部分，主要是手臂、手掌在球网上沿阻挡对方击球过网的技术动作。在排球比赛中，拦网不仅是第一道防线，也是第一道进攻线。它是反击的重要环节，其水平的高低直接影响着比赛的胜负，在没有前排拦网的情况下，后排防守时极其困难。同时，拦网具有强烈的攻击性，可以直接拦死、拦回对方的扣球，能够削弱对方的锐气，给对方造成巨大的心理压力。

拦网的徒手动作简单易学，但结合实战的拦扣球却较难掌握。尤其是对付各种不同高度、速度及弧度的扣球，要掌握不同起跳时机和网上空中拦截就更不易了。拦网不仅限于单人完成，也可双人或三人共同完成拦网动作。拦网队员触球后还可再击一次球，不算连击，这是拦网击球与其他击球技术的不同特点。

准备姿势：面对球网，两脚左右开立，约与肩同宽，距网30~40厘米，两膝微屈，重心落在两脚之间和两前脚掌上，两臂屈肘置于胸前。

移动：常用的步法有一步、并步、交叉步、跑步等。无论采用哪种移动步法，都要做好制动动作，以保证向上起跳，避免触网和冲撞同队队员。

起跳：原地起跳时，重心降低，两膝弯曲，用力蹬地，使身体垂直起跳。

空中击球：起跳时，两手从额前沿球网向上方伸出，两臂伸直并保持平行，两肩上提。拦网时，两臂应伸过网去接近球。两手自然张开，屈指屈腕成半球状。当手触球时，两手要突然紧张，手腕下压盖在球的前上方。

落地：如已将球拦回，则可面对对方，屈膝缓冲，双脚落地。如未拦到球，则在下落时就要随球转头，并以转头方向相反的一只脚先落地，随即转身向后场，准备接应来球或做下一个动作的准备。

2.排球拦网技术的运用

(1) 拦强扣球

强攻的特点是击球点高、力量大、扣球线路多，因此拦强攻要晚跳高跳，并组成集体拦网，使阻截面尽可能地大。

（2）拦快球

1）拦近体快球

近体快球的特点是速度快，弧度低，击球点靠近球网。由于速度快，难以组成集体拦网，一般是采用单人拦网。拦网时，拦网队员应与扣球队员同时起跳或稍早一点起跳。起跳后要正对扣球队员，两手伸过球网接近球，力争把球罩住，使其无法改变扣球路线。

2）拦短平快球

短平快球与近体快球一样，具有速度快的特点，同样不易组成集体拦网。同时，由于短平快球是顺网低平弧度飞行，给拦网判断增加了困难，因此在拦网时要人球兼顾，重点判明扣球队员的助跑路线和起跳时机。拦网起跳要同时或稍早于对方扣球起跳，拦网应根据扣球队员的助跑方向和扣球路线拦堵其主要路线。

（3）拦打手出界球

拦打手出界的扣球时，靠近边线拦网队员的外侧手在拦击球的刹那，手掌应转向场内，以防打手出界。若遇对方有明显的打手出界或扣平冲球的动作时，拦网者应及时将手收回，造成对方扣球出界。

3.排球拦网技术的教学与训练

（1）拦网技术的教学顺序

拦网的教学应放在扣球技术之后进行。从单人拦网开始，然后再学习双人拦网。学习拦网技术可采用分解与完整相结合的方法，先分开学习手型与原地起跳，后学习准备姿势和移动起跳，最后学习完整的拦网动作。

（2）拦网技术的教学步骤

1）讲解：拦网在比赛中的地位与作用；单人拦网的动作方法、动作要领，拦网的判断与时机。

2）示范：采用完整动作示范拦网起跳、空中拦击球手法和落地动作。教师示范可采用面对学生站立的示范位置，让学生看清拦网手型和拦击动作；或学生侧面站立，看身体动作及手臂与网之间保持的距离。

3）组织练习：徒手练习、结合球练习、集体拦网练习、与其他技术串联练习。

4）纠正错误动作。

第三节　篮球的技能与训练

在篮球运动发展过程中，技术的发展是最活跃、最积极和最有推动力的根本因素之一。篮球运动的每一次变革、每一次飞跃都与技术的发展密切相关。技术的发展经历了由低级到高级、由简单到复杂、由低强度对抗到高强度对抗的演变历程。篮球技术动作与篮球运动员所具有的技术是两个不同的概念，两者的内涵、外延与评价标准都存在差别。它们之间既有区别又有联系：技术动作是运动员个人技术的表现形式，是个人技术的载体；个人技术是动作的内在属性、内在根据，运动员的技术必须通过动作表现出来。在技术教学训练的实践中，教练员需根据运动员的体能条件、战术基础、心理品质及智能等各方面的实际状况，为达到训练或比赛的目标采取各种训练方法，将各种单元的、组合的、衔接的技术动作转化为运动员的技术，这一转化过程就是篮球技术教学与训练的核心。在长期的篮球技术教学、训练、比赛实践过程中，人们对篮球运动中技术概念经历了由浅入深、由感性到理性、由片面到全面的认识过程，提出了“基本技术、技术动作、基本功、组合技术、对抗技术”等有关技术概念和术语，这些概念、术语从不同的方面、角度和层次揭示了篮球运动中技术本身所具有的动作表现形式特性和运用特性。从这些概念的比较中不难看到，人们已经把对篮球技术的理解，由初期的只注重对动作本身的描述而忽视对技术运用的理解，上升到注重动作方法和实际运用的认识程度，形成了对技术属性的多方面认识。但是，人们在谈“篮球技术”一词时，有时指的是技术动作，而有时指的是运动员的技术运用，常常存在概念转移或同一名词在不同的场景具有不同含义等问题。篮球技术基本理论的研究需要避免这类问题。因为事物的本质属性是从其概念中反映出来的，概念是思维的逻辑细胞，是思维的出发点和基本单位，没有概念就无法思维，也不会有科学地运用概念去指导训练实践所产生的巨大辐射作用。认识篮球运动员技术训练的本质，首先必须掌握其概念，这对建立篮球技术训练理论体系和提高技术训练水平具有重要意义。

一、篮球技术动作概念的定义及评价

1.篮球技术动作的概念

篮球技术动作是指符合篮球运动对抗规律，符合人体生理学、解剖学、生物力学特点的，各种通过运动训练而形成的特定的、规范化的身体动作。它是将许多优秀运动员完成某一篮球动作的共同特征归纳总结而确定的动作范型，是规范化的技术模型和标准，例如投篮、传球、运球等技术。

2.篮球技术动作的评价标准

篮球技术动作是运动员所表现的技术的具体化、概念化的技术类型，它的评价标准依据动作本身的规格、表现形式、运动节奏、轨迹、时间、速度、力量、幅度、效果等方面的因素而制定。篮球技术动作是运动员技术的表现形态，对其分类研究的过程是从动作轨迹、姿势、角度等形态方面因素进行的，而不涉及如何运用的因素，从而可以比较客观地进行分析。

二、篮球技术动作分类

（一）按技术动作的攻守属性分类

篮球运动的根本规律是攻守对抗、攻守相互转换，攻守技战术之间相互制约、相互促进。篮球技术这一本质的、内在的规律性，推动着篮球运动的发展，促使技术动作从简单到复杂、从单个到组合不断演变进化。从这一点可以看出，攻与守是技术动作的内在属性。因此，篮球技术动作的分类应以攻守属性作为分类标准，时刻带着攻守对抗的理念组织篮球技术动作的教学与训练，使人们对技术动作的本质属性有一个明确的认识。

（二）按人与球的关系特点分类

篮球技术动作都是围绕球进行的，人与球的关系的不同使运动员的动作结构存在巨大的差异。同时，人与球的关系决定了运动员在场上所处的状态。例如，对于抢断球与行进间接球这两个技术动作，运动员在动作结构、外在形态、用力顺序、动作轨迹、动作时间等方面基本相似，只是由于所处的攻守状态不同，运动员在动作速度、动作力量、动作频率等方面存在差异。若运动员与球处于相同关系状态中，技术动作的外在形态与人体的解剖结构、动作的生物力学结构有较大的相似性。按人与球的关系特点分类可以了解众多动作的内在关系，充分利用结构的相似性，在教学训练中产生最好的良性迁移效果，加快掌握动作的速度，提高教学质量，也有助于篮球技术初期的教学、训练。教练员根据动作结构的复杂程度，安排技术动作教学的顺序，并为教学大纲与教学进度的安排提供参考依据。根据比赛中运动员与球的关系特点，可以将技术动作进行合理的划分。

三、篮球技术训练

（一）篮球技术训练的内涵

在篮球运动中，篮球技术的教学与训练是教练员指导运动员学习、掌握技术动作，熟练技术，促进运动员技术全面发展的教育过程。它是教练员的“教”与运动员的“学”“练”的双边活动过程，其本质的目的是使运动员掌握篮球技术的知识和技能。在这一过程中，教练员必须遵循体育教学和运动训练的规律和原则，重点在于教练员根据运动员所具备的技术水平，有针对性地加以训练。例如，在运动员学习、掌握技术动作的初级阶段，教练员关注的重点在于有关运动技能学习的教育学原理与原则，而在运动员处于需要取得优异运动成绩、争取比赛胜利的竞技能力的提高阶段，教练员关注的重点在于有关运动技能的运用。

（二）篮球技术训练的理性思考

教练员在进行篮球技术的训练时，必须明确以下几个问题：

1.篮球技术动作之间的内在联系（动作教学与训练的时间序列）

篮球技术动作有单个的，有组合的；有简单的，有复杂的。例如，运球急停跳投，从动作结构角度分析，该动作属于四元组合动作，在练习这个动作之前，运动员已有的技术动作储备应有原地跳投、运球、运球急停等，并且要处理好各动作之间的衔接，即日常练习中提到的衔接技术，在此基础上进行行进间运球急停跳投的训练可以使运动员尽快掌握并熟练运用技术动作的目的。在运动技能学习中理解技术动作之间的内在联系，可以更加有效地利用动作迁移，加快运动员掌握技术动作的速度，并可以在技术动作教学与训练中遵循由简到繁、由单个到组合、由组合到变化，最终提高运动员在对抗条件下完成动作的水平。

2.练习手段的系统性与内在联系（训练内容的逻辑序列）

在篮球运动发展的100多年历史中，人们总结出了成百上千种的技术训练手段，并且出版了各种练习手段的专著。对于教练员来说，如何在实施技术教学与训练的过程中选择恰当的练习手段提高训练效果是首先需要面对的问题。练习手段只是一个工具，本身并不存在先进与落后的区别，关键在于教练员的选择与运用。练习手段的选择、组合与运用是反映教练员训练水平的一个重要标志。

3.技术训练的系统性与全队战术背景的内在联系

队员技术训练总的指导思想是树立整体、系统的观点，技术训练中要有战术训练的成分。技术训练与全队配合和整体战术训练相一致，个人技术训练与整体战术打法应紧密结合。篮球技术动作种类繁多、变化无穷。同是胯下变向运球技术，由于运动员的速度、体位和球在两腿之间改变方向的角度不同，可以产生许多变化，一个人很难在短时间内达到项项技术精通的水平。所以，教练员在使运动员掌握基本技术动作的基础上应尽快将技术训练的主要内容放在与全队战术相一致的方向上，突出重点技术和位置技术。以美国大学篮球的移动进攻战术为例，在美国大学篮球队中，以移动进攻为主的球队很多，移动进攻的主要特点是无球队员和无球队员之间、无球队员与有球队员之间的互相掩护、传球切入上篮，攻击区域以掩护之后传、切到篮下进攻为主，故而技术训练需要侧重篮下勾手投篮、各种篮下进攻技术和传球、掩护技术的练习。

4.技术训练过程中负荷量、负荷强度和精细化要求的系统性与内在联系

技术训练过程中负荷量、负荷强度和精细化要求是评定技术训练质量的客观标准。在运动训练领域中，训练负荷量是教练员再熟悉不过的问题了。但是，在

篮球技术的教学训练中，技术训练的质量除负荷量的因素外还存在着其特殊性。差别在于，在完成同样负荷量的情况下，篮球技术训练在完成动作的规范、精细方面有着严格的要求，它与训练质量有巨大的相关性。篮球属于集体同场对抗性项目，与体能类项目有本质的不同。体能类项目训练中，因其技术动作结构相对恒定，变化极小，强调体能的改进。例如以一个确定的时间11秒，完成15个100米的练习，每个练习间隔3分钟来说，它的负荷量即已确定。然而在篮球技术训练中，一旦训练负荷量度确定后，必须在完成动作的质量方面提出严格的要求，才能达到训练的目的，否则事倍功半。

5.教练员教学和训练能力的自我完善

随着社会的发展和人们对体育运动这一社会现象客观规律认识的不断加深，教练员在运动训练中的作用越来越受到重视，同时教练员的自我学习能力变得越来越重要。教练员是训练的组织者和指导者。篮球运动中的心理训练、智力训练、战术意识训练等是由教练员在训练过程中，通过语言的、直观的形式和其他各种方法进行的。历史的经验告诉我们，没有哪一种训练方法或形式是万能的。在现实生活中，许多教练员常常存在着一种观念：通过一次或几次专家讲学或培训班的培训，就能学习到一些具体的练习方法，解决自己训练中所遇到的困难。这种想法是幼稚的。讲学或培训班等只能提供训练的工具（思想的、方法的、内容的），工具越多，越利于解决实际问题，但是工具多了并不等于实际工作中的问题解决了，关键在于教练员在自己丰富的工具库中，挑选、组织最有效的工具组合，以最少的时间取得最好的训练效果。伴随着运动科技的发展，篮球运动技术训练理论越来越丰富，教练员需要具备较为丰富的运动实践经历，对篮球技术有丰富的感性认识和理性认识，并具有相当的科学文化知识，能够针对本队运动员的特点与条件，建立与此相适应的进攻与防守理念，采用相应的练习方法与内容达到本队的最高目标。马克思主义认为，人们对事物的认识都是遵循从感性认识到理性认识，再从理性认识上升到较高层次的感性认识，并向更高的层次迈进的过程。没有丰富的感性认识，就不可能产生认识上的飞跃。如果没有运动实践经历，对体育运动缺少感性认识，对运动的本质及内在联系的认识不足，就难以成为一名优秀教练员。但是，具有丰富的运动实践经验，只是成为优秀教练员的必备条件之一，要成为一名优秀的教练员还必须具备其他的必要条件，这些必要条件最重要的一个是具备丰富深厚的科学文化知识。一名教练员在运动实践方面经验不足时，就更需要用丰富的科学文化知识来武装自己，提高执教水平。

第四节　乒乓球的技能与训练

一、握拍技能

直握球拍法常见的有快攻型握拍法、弧圈型握拍法和削攻型握拍法。

1.直拍快攻型握拍法

直拍快攻型握拍出手较快，正手攻球快速有力，攻斜、直线时拍面变化不大，对手不易判断。反手攻球因受身体阻碍，较难掌握，防守时照顾面积较小。其打法因反手大都采用推挡，进攻较弱，反手比较被动，并容易出现漏洞。

2.直拍弧圈型握拍法

直拍弧圈型握拍法可分为四种：中式直拍弧圈握拍法、单面攻击型握拍法、日式直握拍法、直板横打型握拍法。

3.直拍削攻型握拍法

拇指自然弯曲、紧贴拍柄左侧，第一指关节用力下压，其余四指自然分开托住球拍背面。

二、基本站位技能

1.进攻型打法的基本站位

距离球台端线50厘米左右。擅长近台进攻的选手，站位可稍近些（如左推右攻打法者站位距球台端线约40厘米）；擅长中近台进攻的选手，站位可稍后些（如采用直拍弧圈打法者的站位距球台端线60厘米，采用横拍两面拉打法者的站位距球台端线约65厘米）；擅长正手侧身抢攻的运动员，可站在球台偏左侧（如直拍、横拍以侧身抢拉为主的选手，左脚站在位于球台左边线延长线外约25厘米处）；擅长打相持球或反手实力较强的运动员，可站于球台中间略偏反手的位置。

2.削攻型打法的基本站位

距球台端线100～150厘米，多在球台中间略偏反手的位置。进攻能力强的，站位可稍近些；以防守为主的选手，站位可稍远些。

三、步法移动技能

常用的步法有单步、跨步、跳步、并步、交叉步、侧身步。

1.单步

以一脚为轴，另一脚向前、后或左、右移动一步，随之身体重心落在移动脚上。常在来球距身体近时使用。

2.跨步

来球方向的脚先向来球方向跨出一大步，另一脚向同一方向跟着移动一步。常在来球距身体远时使用。

3.跳步

以一脚用力蹬地，两脚同时离地向前、后或左、右移动。常在来球较快、角度较大、距身体远时使用。

4.并步

以一脚向来球方向跨一步，另一脚随即跟上来。常在来球距身体稍远时使用。

5.交叉步

先以来球反方向的脚向来球方向跨出一大步，体前交叉，然后另一脚跟着向来球方向迈出一大步。常在来球距身体很远时使用。

6.侧身步

一种是对方来球追身，以左脚为轴，右脚向左后移动一步；另一种是对方来球追身偏左方，应以左脚向左迈出一步，然后右脚向左后移动一步。常在来球逼近身体时使用。

四、发球与接发球技术

接发球是乒乓球技术的重要组成部分，比赛中如果接发球不好，不仅会给对方较多的进攻机会，而且会引起自己心理上的紧张和畏惧，造成一连串的失误；反之，如果接发球接得好，不仅有时可以直接得分，而且可以破坏对方的抢攻，从而为自己的进攻创造有利的条件。常用的接发球技术有挡、推挡、搓球、削球、抢攻、抢拉等。

1.正手发左侧上、下旋球

正手发左侧上旋球时，手臂自右上方向左下方挥拍，球拍从球的右侧中下部向左侧面摩擦，手腕迅速上勾。正手发左侧下旋球时，球拍由球的右侧中下部向左下方摩擦。

2.正手发下旋球与不转球

发下旋球时，持拍手向前下方挥摆，击球前拍面稍平，击球时手腕发力摩擦球的底部。发不转球时，持拍手向前下方挥摆，击球前拍面稍竖直些，击球时不是摩擦球体而是推打球的中下部。

3.反手发右侧上、下旋球

持球手将球抛起时，持拍手快速向左上后方引拍，以球拍引至左肘下方外侧为宜，手腕适当内屈，拍面向左上方，待球在高点下降时向前击球。向前击球分两部分动作完成：从左后上方向右前下方挥摆为第一部分，从右前下方向右前上方挥摆为第二部分。这样，当发右侧下旋球时，用第一部分动作最后阶段击球，拍面从球的中下部向右侧下摩擦，触球后仍做第二部分动作，也称假动作。当发右侧上旋球时，第一部分动作为假动作，不击球，用第二部分动作击球。触球时，球拍从球的中下部向右上方摩擦。

4.反手发急上旋球

发球时，持球手将球向上抛起的同时，持拍手迅速向左后方引拍，拍形稍前倾，腰稍向左转，待球从高点下降到低于球网时，用前臂和手腕发力，击球的中上部，同时，腰从左侧向右侧转动。

5.接左侧上旋球

接左侧上旋球时，球触拍后向自己的右侧上方弹出，因此，采用推挡回接时拍面稍前倾并略向左偏斜，击球中上部偏右侧的部位，用力向前推挡，以抵消来球的左侧上旋力。若对方的球发到你的正手，也可采用攻球技术进行回击，拍形适当下压。

6.接下旋球

接近网下旋球时可采用搓、挑技术；接旋转强度较强的下旋球时，主要采用搓球技术；在来球下降期击球时，引拍比接一般下旋球稍高些，延长球在拍面上的摩擦时间。如果攻球回接，应注意调节拍形前倾角度，适当向上用力提拉。以上只是简单地介绍了几种接发球的方法。若想进一步提高接发球的成功率和质量，还应在长期的训练中认真加以研究，根据自身的特点灵活地加以组合运用。应当提出的是，无论采用哪种方法去接旋转发球，都应该以有一定的击球速度作为保证，用速度来克制旋转常常是比较有效的。在比赛中如果不敢大胆用力回击球，并将对方的发球被动地“碰”过去，那么更容易造成回击球失误。

五、反手推挡球

推挡是我国直拍快攻打法的基本技术之一，在直拍左推右攻打法中占有极其重要的地位。推挡技术的特点是站位近、动作小、速度快、变化多。它在比赛中常常会起到由被动变为主动的作用，所以推挡是乒乓球运动的最基本技术之一。动作要领：站位近台，身体重心保持在两脚之间。击球前持拍手上臂和肘关节内收，前臂略向外旋。击球时手臂快速向前伸，手腕外旋，食指压拍，在来球反弹的上升期向前击球，触球中上部。击球后，手臂继续向前送一段距离再还原。

六、搓球技术

搓球是用类似削球的动作，在近台回击对手下旋来球的一种击球方式。搓球技术包括慢搓、快搓、摆短、搓侧旋四种技术。下面以慢搓球、快搓球和搓侧旋球技术为例进行学练。

1.慢搓球

站位近台，两脚左右开立。反手搓球时，向左上方引拍，拍形稍后仰。击球时，身体重心向前移动，同时前臂作旋内转动，由上向前下挥拍，在来球的下降期摩擦球的中下部。

2.快搓球

反手快搓球时，站位近台，引拍至身体左上方。击球时，上臂迅速前伸，前臂由上向前下方用力，手腕控制拍面稍向后仰，在来球的上升期击球的中上部。

3.搓侧旋球

搓球前，球拍先迎前。搓球时，手臂在向左发力摩擦球的同时，手腕用力，在球的高点期或下降前期搓球中下部。

七、攻球技术

攻球技术是乒乓球的重要基本技术，是得分的主要手段之一，它包括快攻、快点、快带、快拉、突击、扣杀、杀高球等技术。下面以正手快攻和正手扣杀球技术为例进行学练。

1.正手快攻

站位近台，转腰带动前臂向后引拍。根据来球的长短距离和高低情况调节好拍面的前倾角度，加速挥拍击球。击球时间在高点期或上升期，击球时拍面稍前倾，触球的中上部，向前下方用力。球击出后，迅速还原，准备下一次击球。

2.正手扣杀

站位的远近要视来球的长短而定，短的来球站位靠近台，长的来球站位靠中远台。击球前，腰部转动带动手臂向体侧后方引拍，加大球拍与来球的距离，以便获得更大的挥拍速度。击球时，拍形略前倾，在高点期或上升期击球，通过腰、腿同时发力以增大扣杀力量，在手腕向前下方挥拍用力的同时，控制球的落点和方向，击球的中上部。

八、弧圈球技术

弧圈球是以旋转为主要特征的进攻技术，是乒乓球比赛中进攻得分的主要手段。弧圈球技术的主要特点是上旋性强、稳定性高、速度快、威胁大。

1.正手拉加转弧圈球

左脚在前，右脚在后，两膝微屈，重心落在右脚上。手臂自然下垂，拍形略前倾，当来球从台面弹起时，右脚蹭地，腰部向左上方转动，带动肩、上臂、前臂和手腕发力。在来到的下降期摩擦球的中部或中上部，击球后，身体重心移至左脚。

2.正手拉前冲弧圈球

左脚在前，右脚在后，两膝微屈，重心落在右脚上。引拍手向右后方引拍，引拍位置比拉加转弧圈球稍高。击球时间在高点期或下降初期，拍面的前倾角度要比加转弧圈球大些，摩擦球的中上部。击球后，身体重心移至左脚。

九、削球

削球技术种类很多，总的来说分为正手削球与反手削球两大类。

1.正手削球

左脚稍前，身体离球台1米以上。击球前，手臂自然弯曲，将球拍向右上引至与肩同高，重心放在右脚上。击球时，手臂向左前下方挥动，拍面稍后仰，在下降期击球的中下部，同时手腕向下用力。击球后，球拍随势前送，重心移到左脚，然后迅速还原。

2.反手削球

击球前，右脚稍前，手臂弯曲，球拍向左上方引至与肩同高，拍柄向下，重心放在左脚上。击球时，手臂向右前下方挥动，拍面后仰，在下降期击球中下部，同时前臂与手腕加速削击来球。击球后，重心移至右脚。

第五节 羽毛球的技能与训练

一、握拍技能

羽毛球拍握方法因击球动作的不同而不同。基本的握拍法有两种，即正手握拍和反手握拍。

1.正手握拍

以右手为例（下同），握拍之前先用左手拿住球拍拍颈，使拍面与地面垂直，再张开右手，使手掌根部靠在球拍的拍柄底托部位，虎口对着拍框，小指、无名指、中指自然并拢，食指与中指稍稍分开，自然弯曲并贴在拍柄上。正手搓球握拍法：在正手握拍的基础上，拇指、食指稍松开，使拍柄离开掌心，拍柄紧贴手指根部。拇指斜贴拍柄内侧的小棱边，食指稍向前伸，使食指第二关节斜贴在拍柄外侧的宽面上。正手勾对角握拍法：在正手握拍的基础上，拍柄稍向外转，拇指斜贴在拍柄内侧的宽面上，拍柄不贴掌心。

2.反手握拍

反手握拍是在正手握拍的基础上把球拍框往外转，即往左方向转，拇指前内侧部位贴在拍柄的窄面部位，食指往中指、无名指、小指并拢。通常反手握拍的时候，手心与拍柄之间留有一定的间隙，这种握拍法有利于手腕力量和手指力量的灵活运用。根据对方来球的不同位置和便于控制球的落点，各种握拍的方法也会有细微改变。例如，正手搓球时，球拍要放在手掌上，靠手指发力；反手勾球时，虎口对着拍柄宽面上；等等。

3.常见的错误握拍法

（1）“拳握法”：五指并拢用力一把抓的握法，类似握刀的方法。这种握法使手臂的肌肉僵硬，影响手指、手腕发力的灵活性。

（2）“苍蝇拍握法”：虎口对准拍面的握法，初学者中较常见。这种握法限制了屈腕动作，妨碍对拍面角度的自由控制。

（3）反手击球时，没有转换成反手握拍法。

二、发球与接发球

发球是运动员在发球区将球由静止状态，用球拍击出，使之在空中飞行，落到对方的接发球区。发球分为正手发球和反手发球，按球在空中飞行的弧线，又可分为发网前球、平快球、平高球、高远球。除高远球采用正手发球外，其余用正手或反手发球均可。

（一）发球

用正手发不同的弧线球时，击球前的准备和前期动作是相仿和一致的（保持动作的一致性），只是在击球时及其后的动作有所不同。

1.正手发球

（1）正手发高远球

发球时，站在靠近中线一侧，离前发球线约1米的位置上。身体左肩侧对球网，左脚在前，脚尖指向球网方向，右脚在后，脚尖指向右侧，两脚距离与肩同宽，身体重心放在右脚上。准备发球时，右手握拍向右后侧举起，肘部微屈，左手拇指、食指和中指夹住球，举在腹部右前方，然后放开球的同时挥拍击球。在左手放开球使之下落时，右手转拍由上臂带动前臂，自右后方沿身体向前左上方挥动。当球落到右臂向前下方伸直能够接触到球的刹那，紧握球拍，并利用手腕屈伸的力量向前上方发力击球，然后顺势向左上方随势挥动。击球时，身体重心从右脚移至左脚上。

（2）正手发平快球

发平快球时，要充分利用前臂带动屈腕的爆发力向前方用力击球，使球直接从对方肩稍上高度越过落到后场。击球动作要小而快。

(3) 正手发网前球

发网前球时，握拍要放松，上臂动作要小，主要靠前臂带动手腕向前切送，球的弧度要贴网而过，落点在前发球线附近，注意手腕不能有上挑动作。

2.反手发球

发球时，站在前发球线后10～50厘米，靠近中线附近。面向球网，两脚前后开立，右脚在前，或左右开立（双打时），上体稍前倾，身体重心在前脚上。右手臂屈肘，用反手握拍将球拍横举在腰间，拍面在身体左侧腰下。左手拇指与食指捏住球的羽毛，球托朝下，球体或球托在拍前对准拍面。击球时，前臂带动手腕向前横切推送，使球的飞行弧线略高于网顶，下落到对方前发球线附近。发网前球时用力要轻，主要靠“切”送；发平快球时要突然发力，拍面要有“反压”动作。

（二）接发球

1.接发球的站位和姿势

接发球分为单打和双打两种。单打接发球站位于距前发球线1.5米处，在右发球区靠近中线的位置；在左发球区则在中间位置。左脚在前，右脚在后，侧身对网，重心在前脚，后脚脚跟稍提起，双膝微屈，收腹含胸，持拍于体前右侧，两眼注视对方。双打接发球准备姿势基本同单打，但重心可随意放在任何一只脚上，球拍高举在肩上，注意力要高度集中。双打发球多发网前球，接发球时要尽量站在靠近前发球线的位置。

2.接发各种来球

①在接对方发高远球或平高球时，可用平高球、吊球或杀球还击。②在接对方发网前球时，可用挑球、放网前球、平推球还击；若对方发球质量不佳，可采用扑球还击。③对方发平快球时，可用平推球、平高球还击。

3.学练方法

①用讲解法陈述技术动作结构、动作要领，建立动作概念和表象。②示范教学法：教师做示范、学生之间互相做示范，可采用分解和完整示范结合的学练方法。③模仿练习法：采用重复练习法，按照示范动作让学生无球（或有球）挥拍模仿。④多球练习法：准备几十个球，学习者按照规范动作进行发球与接发球练习。

三、击球法

羽毛球击球技术动作按场区分为前场技术、中场技术和后场技术，主要有击高球、吊球、杀球、搓球、推球、勾球、扑球、抽球、挑球等，每一种技术又分为正手和反手击球法。

（一）后场击球技术

1.高球

高球是自本方后场端线打到对方后场端线经过高空飞行的球。击高球可分为正手、反手、头顶直线和对角线高球。

（1）正手高球

首先要判断好来球的方向和落点，采用退后场步法，侧身后退，使球处在自己右肩稍前上方的位置。左脚在前，右脚在后，重心在右脚上，左肩对网。左臂屈肘，左手自然高举；右手持拍，手臂自然弯曲，将球拍举在右肩上方，两眼注视来球。击球时，由上臂后引，随之肘关节上提明显高于肩部，将球拍后引至头部，自然伸腕（拳心朝上）。然后在后脚蹬地、转体收腹的协调用力下，以肩为轴，上臂带动前臂快速向前上方甩腕（鞭打），在手臂伸直的最高点击球。击球后，持拍手臂顺惯性往前下方挥动并收拍至体前。与此同时，右脚向前迈出，左脚后撤，身体重心由后脚移到前脚上。

（2）反手高球

当判断来球是在后场反手区时，迅速将身体转向左后方，移动到位，背对球网，并用反手握拍法握拍，最后一步用右脚前交叉跨到左后方，球拍由身体前举到左肩附近。击球时，以上臂带动前臂，在右肩上方击球。击球用力时，要注意拇指侧压力与甩腕的配合，以及两腿蹬地转体的协调发力动作。

（3）头顶直线高球

动作要领与正手高球基本相同，只是击球点偏左肩上方。准备击球时，侧身稍后仰。击球时，上臂带动前臂使球拍绕过头顶，从左上方向前加速挥动，注意发挥手臂内旋发力击球。落地时，左腿向左后方摆动幅度大些，并用左脚后蹬向中心位置回动。

2.吊球

吊球是自本方后场打到对方前场向下坠落的球。吊球技术分为正手、反手和头顶吊球三种，按球的飞行速度和落点可分为轻吊、劈吊和拦截吊。劈吊击球前动作同高球、杀球，击球时用力较轻，手腕快速做切削动作，使拍面与球托的右侧或左侧接触而把球击出。拦截吊是把对方击来的平高球拦截回去，击球时用拍面正对来球，轻轻拦切或点击，使球以较平的弧度、较慢的速度越网垂直下落。轻吊击球前动作和高球相似，击球时，拍面正对来球，在接触球的一刹那突然减速，轻点或轻切来球，使球刚一过网就下落。

（1）正手吊球

击球准备动作同正手击高球。不同之处是击球时拍面稍倾斜，手腕快速切击球托的右侧后下部，关键是用力方向朝前下，使球越网后旋即下落。若吊斜线球时，则球拍切削球托右侧并向对角斜下方发力；若吊直线球，则拍面正对前方，向前下方切削。

（2）反手吊球

击球准备动作同反手击高球。不同之处是击球时拍面的掌握和力量的运用。吊直线球时，用球拍切削球托的后中部，向对方右网前发力吊斜线球时，用球拍反面切削球托的左侧，朝对方左网前发力。

（3）头顶吊球

击球准备动作同头顶高球。吊直线球时，击球的一刹那前臂突然往前下方挥拍，向前轻切球托后下部，使球朝直线方向飞行，球越网后即下落。吊斜线球时，前臂突然反腕（内旋）往前下方挥拍，经内旋手臂和手腕的后伸外展带动球拍轻切或轻点球托的左侧后下部，使球向对角方向飞行，球越网后即下落。

3.杀球

杀球是把对方击来的高球在尽量高的击球点上斜压下去。这种球力量大、弧线直、落地快，给对方造成的威胁很大。它是进攻的主要技术。杀球从力量上分为重杀、轻杀和点杀，从落点上分为长杀和短杀。

（1）正手杀球（侧身起跳）

正手杀球（侧身起跳）准备姿势与正手击高球相似，不同的是最后用力的方向朝下。在右脚起跳后，身体后仰，呈反弓形后收腹用力，靠腰腹带动上臂、上臂带动前臂、前臂带动手腕，形成鞭打向下用力，球拍正面击球托的后部，无切击，使球沿直线向前下方快速飞行。击球后还原成准备姿势。

（2）腾空突击杀球

采用正手握拍法，侧身右脚后退一步准备起跳。起跳后，身体向右后腾起，上身后仰或呈反弓形，右臂右上抬，肩尽量后拉。击球时，以肩带臂，主要以前臂和手腕快速挥拍压腕产生爆发力，高速向前下击球。球扣杀后，右脚先着地屈膝缓冲，重心在右脚，即刻回动。如果球向左侧边飞来，则用左脚向左侧上方起跳使身体向左侧上空腾起，肘关节高举靠近头部，举拍于头后，到最高点时，主要以前臂内旋和手腕快速挥拍扣杀球。扣杀后，以左脚先着地屈膝缓冲，即刻回动。

4.常见错误及纠正方法

（1）击球点选择不当，打不到球。对于初学者来说，无论是高远球、平高球、吊球，还是杀球，在选择击球点时都易出现打不到球的情况。纠正方法：做挥拍练习（固定击球点挥拍），在适当的高度上（直立持拍上举拍面击到球的高度）用细绳吊一个羽毛球进行挥击练习。（2）动作不协调，发力不好，高、吊、杀技术动作缺乏一致性。击球时用力顺序不协调。杀球时腰腹力量用不上，手腕下甩不够。纠正方法：进一步了解、领会技术要领；加强挥拍练习，体会闪腕击球、“鞭打”击球技术的要领；加强腰腹、手臂力量练习，如哑铃、沙袋、挥网球拍练习；做小重量快速挺举，屈伸臂、腕，仰卧起坐等练习；进行综合性高、吊、杀练习。(3) 球的落点差，出球的弧线掌握不好。高球打不到底线、高度不够，杀球压不下来，吊球过网弧线太高，落点掌握不好。纠正方法：一是应区分各种击球点、拍面角度和发力方向的不同要求；高远球的击球点在右臂上方伸直处，拍面稍后仰向前上方用力；杀球、吊球的击球点在右臂上方稍前处，拍面要适当前倾，向前下方发力；平高球的击球点同高远球相似，拍面后仰程度略小，发力方向略平直一些。二是发多球，有针对性地练习不同的技术动作。三是两人专门对打高远球、平高球、杀球、吊球技术动作练习。

（二）前场击球技术

1.搓球

搓球是用球拍搓击球托侧下部，使球旋转翻滚越过网顶的击球技术。搓球技术有正手搓球和反手搓球两种。

(1) 正手搓球

侧身对右边网前，左腿跨成弓箭步，重心放在右脚，正手握拍。击球前，球拍随前臂稍外旋向右前上方斜举，手腕由后伸至稍内收闪腕，握拍手的食指和拇指夹住球拍，中指、无名指和小指轻握拍柄，使球拍在手腕和手指的挥摆下用力，搓击球托的右下底部，使球旋转滚动过网。

(2) 反手搓球

侧身对左边网前，反手握拍。击球前，前臂稍往前上举，手腕前屈，手背约与网同高，拍面低于网顶，反拍迎球。搓球时，主要靠前臂的前伸外旋和手腕由内收至外展的合力，搓击球托的右侧后底部，使球旋转滚动过网。

2.放网前球

放网前球即将对方的吊球或网前球用球拍轻轻一托，将球向上弹起，球刚过网就朝下坠落的技术动作。

(1) 正手放网前球

击球时，前臂稍外旋，手腕由后伸至稍内收闪腕，握拍手的食指和拇指夹住球拍，中指、无名指、小指轻握拍柄，使球拍在手腕和手指的挥摆用力下，轻击球托把球轻松过网。挥拍的力量、速度和拍面角度的大小，主要取决于来球距离的远近和速度的快慢。来球离网远，速度快些，则放球时力量要大些；反之，则力量小些。放球后，身体还原至准备姿势。

（2）反手放网前球

击球动作要领同反手搓球动作，只是方向相反。反手握拍，反面迎球，击球时主要靠前臂的前伸、外旋和手腕由内收至外展的合力，轻击球托底部把球轻松送过网。击球后，身体还原成准备姿势。

3.推球

推球是把对方击来的网前球推击到对方的后场左、右底角去。球飞行的弧度较低平，速度较快。推球分正手推球和反手推球。

（1）正手推球

击球前准备动作同搓球相似，不同之处是击球一刹那拍面竖得较直。推球时，身体稍往前移，右前臂往前伸，并带内旋，手腕和手指控制拍面角度，手腕由后伸至伸直并闪腕，食指向前压和小指、无名指一起突然握紧拍柄，拍子急速地由右经前上至左侧的挥动路线，使球沿边线方向飞向对方后场底角；推对角线球时，击球前的准备动作同推直线球相似，不同之处是推击球的右侧后部，使球沿对角线方向飞行至对方后场底角。

（2）反手推球

站在左网前，以反手握拍，前臂往前上方伸举，前臂略向左胸前收引，肘关节略屈；手腕外展时，变成反手推球的握拍法，球拍松握，反拍面迎球；前臂前伸并带外旋，手腕由外展到伸直闪腕，中指、无名指和小指突然握紧拍柄，拇指顶压；往右前方挥拍时，推击球托的左侧后部，使球沿对角线方向飞行。

4.扑球

当对方回击的球过网的弧线较高时，抢高点将球向对方场区下方扑压过去的球称为网前扑球。扑球有正手扑球和反手扑球两种方法。

（1）正手扑球

跨步上网或右脚蹬步上网，身体稍向右前倾，屈肘向右前上方举拍，拍面前倾。击球时，利用前臂带动手腕和手指快速闪动发力，如果离网顶较近，靠手腕从右前向左前“滑动”击球。击球后立即收拍，以免触网。

（2）反手扑球

右脚跨至左前再蹬跳上网，身体右侧前倾，反手握拍举于左前上方。击球时，前臂伸直外旋带动手腕内收到外展，拇指顶压加速挥拍扑球。若来球靠近网顶，手腕可外展由左向右“滑动”切击球，以免触网。击球后，右脚着地屈膝缓冲，回收球拍于体前。

5.挑高球

挑高球是把对方击来的吊球或网前球挑回到对方后场的技术，是在比较被动的情况下采取的一种防守技术。可以赢得时间重新调整好身体重心与场上位置，准备下一次击球。

（1）正手挑球

准备动作同正手放网前球。击球前，前臂充分外旋，手腕尽量后伸，右脚向右网前跨出一大步，重心放在右脚上。击球时，从右下向右前方至左上方挥拍击球。在此基础上，若球拍向右前上方挥动，挑出的是直线高球；若球拍向左前上方挥动，挑出的则是对角线高球。击球后，身体重心即刻还原成准备姿势。

（2）反手挑球

准备动作同反手放网前球。击球前右臂往左后拉屈肘引拍至左肩膀，同时右脚向左前方跨出一大步，重心放在右脚上。击球时前臂充分内旋，手腕由屈至后伸闪动挥拍击球。若球拍由左下向左前上方挥动，则球向直线飞行；若球拍由左下向右前上方挥动，则球向对角线飞行。击球后，身体即刻还原成准备姿势。

6.勾球

勾球是把在本方右（左）边的网前球击到对方左（右）边网前去的技术动作。勾球分正手和反手两种。勾球是一种技巧性较高的技术，与搓球、推球等交替运用常能达到声东击西的战术效果。

（1）正手勾对角球

击球前，球拍随前臂往右前斜上举。在前臂前伸时稍有外旋，手腕微后伸，握拍手将拍柄稍向外捻动，使拇指贴在拍柄的宽面上，食指的第二关节贴在拍柄的背面宽面上，拍柄不触掌心。拍面朝右侧前挥动，拍面朝向对方右网前。击球时，靠前臂稍有内收往左拉收，手腕由后伸至内收闪腕挥拍拨击球托的右侧下部，使球沿网的对角线飞行落入对方网前角处。拨击球时，手腕要控制拍面角度。

（2）反手勾对角球

站在左网前，反手握拍，随着前臂前伸拍子平举。在身体前移的过程中，球拍随手臂下沉，握拍变成反手勾球的握拍法，拍面正对来球。当来球过网时，肘部突然下沉，同时前臂稍外旋，手腕由微屈至后伸闪腕，拇指内侧和中指把拍柄往侧一拉，其他手指突然握紧拍柄，拨击球托的左侧后部，使球沿对角线飞越过网。

（三）中场击球技术

中场击球技术大致分为挡网前技术、抽球技术和接杀球技术等。由于中场区是攻防转换的主要区域，双方的距离较近，球在空中滞留的时间也比较短，因此，中场击球技术要求挥拍预摆幅度小，突出体现一个“快”字。

1.挡网前球

一般用于杀球力量大、球速快时，借助来球的反弹力量把球挡回去，分为正手挡网前球和反手挡网前球。

(1) 正手挡网前球

接球前步法移至右场区，身体右倾，手臂右伸，前臂外旋，手腕外展。击球时，前臂内旋，稍翻腕，带动球拍由右下向前上方挥动击球，把球挡回直线网前；也可以在击球时前臂由外旋到内收，带动球拍由右向前切送，把球挡回直线网前。击球后，身体左转成正面对网，然后右脚上前一步，球拍随身体向左转收至体前。挡对角网前球时，在屈肘关节的同时前臂稍内旋，手腕由后伸到内收闪动击球托右侧。击球点在右侧前，手腕、手指控制拍面角度，使球向对角线网前坠落。

(2) 反手挡网前球

准备姿势同正手相似，只是动作方向与正手相反。击球时，借对方来球的冲力，以前臂带动球拍由左上方向左前方用拇指的鼎力挥拍轻击球托，把球挡回直线网前；击球后，身体右转成正面对网，球拍随身体的移动收至体前。反手挡对角线球时，手腕由外展到后伸闪动挥拍击球托的左侧下部，使球向对角网前坠落。

2.抽球

抽球是把在头部以下、腰部以上、身体左右两侧的来球平扫过去，可分为正手抽球和反手抽球两种。

(1) 正手抽球

站在右场区中部，两脚平行开立稍宽于肩，重心在两脚间，微屈膝收腹，正手握拍举于右肩前。击球前，肘关节前摆，前臂稍往后带外旋，手腕稍外展至后伸，引拍至体后。击球时，前臂内旋，手腕伸直闪动，手指抓紧拍柄，球拍由右后往右前方高速平扫来球。击球后，手臂顺势左摆，左脚往左前迈进一步，准备迎接第二次来球。

(2) 反手抽球

右脚前交叉在左侧前，重心在左脚上，右手反手握拍在左侧前。击球前，肘部稍上提，前臂内旋，手腕外展，引拍至左侧。击球时，在髋部右转带动下，前臂外旋，手腕由外展到伸直“闪击”球托底部。击球后，球拍随身体的回动收至体前。

3.接杀球

接杀球是转守为攻的打法，可用上述栏网前球、抽后场球和挑高球等技术回击。

4.常见错误及纠正方法

(1) 击球点在体后，造成出球无力

纠正方法：一是进一步明确对各种来球击球点都应在体前、体侧的要求；二是根据不同的来球，准备姿势、拍面角度、力量、动作速度应有区别；三是多做以肘为轴，以前臂带动手腕做小幅度的快速挥拍练习，这样有利于体会击球的时机；四是多做连续挥拍练习或多球练习，强调前后动作的衔接性。

(2) 反应慢，接不到球

纠正方法：一是首先要提高反应速度及对各种来球的判断能力；二是加强对接各种来球的准备姿势移动、手法的练习，如两人快速平抽平打，练习动作速度、反应速度；三是采用多球专门练习，提高控制球的能力。

(3) 接球不过网

纠正方法：一是提高握拍的灵活性，用手腕、手指根据不同来球控制球的力量、角度、方向；二是适当增加向前上方提拉的力量。

第四章　田径和游泳运动的技能与训练

第一节　田径运动的技能与训练

一、短跑

（一）短跑的组成

短跑全程由起跑、起跑后的加速跑、途中跑和终点冲刺四部分组成。

1.起跑

起跑的任务是获得向前的冲力，使身体迅速摆脱静止状态，为起跑后的加速创造有利的条件。按照田径规则规定，在短跑比赛中，运动员必须采用蹲踞式起跑姿势，必须使用起跑器，运动员按发令员的口令完成起跑动作。起跑器常用的安装方法有普通式和拉长式两种。

（1）普通式：前起跑器安装在起跑线后一脚半（40～45厘米）处，后起跑器距离前起跑器一脚半；前起跑器的支撑面与地面成40°～45°，后起跑器的支撑面与地面成60°～80°；两个起跑器的中轴线间隔约15厘米。

（2）拉长式：前起跑器安装在起跑线后两脚长处，后起跑器距前起跑器一脚长。起跑器的支撑面与地面的夹角、两起跑器左右间隔同普通式。两种起跑器安装方法各有特点，运动员应根据个人的身高、体型、身体素质和技术水平等情况来选用和调整。起跑包括“各就位”“预备”“鸣枪”三个阶段。听到“各就位”口令后，运动员稍做放松走到起跑器前，两手撑地，两脚依次踏在前后起跑器的抵足板上，脚尖触地，后膝跪地，两手放在起跑线后沿处支撑地面，两臂伸直，两手间隔比肩稍宽，四指并拢和拇指呈“八”字形支撑，颈部自然放松，两眼视前下方约40～50厘米处，注意听“预备”口令。听到“预备”口令后，随之深吸一口气，平稳地抬起臀部，与肩同高或稍高于肩，重心适当前移，肩部稍超出起跑线，这时体重主要落在两臂和前腿上。“预备”姿势应该稳定，两脚贴起跑器抵足板，注意力高度集中。听到枪声后，两手迅速推离地面，两臂屈肘有力地做前后摆动，两腿迅速蹬离起跑器，使身体向前上方运动，后腿快速前摆，使身体向前冲击。

2.起跑后的加速跑

起跑后的加速跑是从后腿蹬离起跑器到途中跑之间的一个跑段。其任务是充分利用向前的冲力，在较短距离内尽快地获得高速度。当后腿蹬离起跑器并结束前摆后，便积极下压着地，第一步的着地应尽量靠近身体重心投影点，脚着地后迅速转入后蹬。前腿在蹬离起跑器后，也迅速屈膝向前摆动。起跑后的最初几步，两脚沿着两条相距不宽的直线前进，随着跑速的加快，两脚着地点就逐渐合拢到假定的一条直线两侧。加速跑的距离一般为25～30米。

3.途中跑

途中跑是短跑全程中距离最长、速度最快的一段，其任务是继续发挥和保持最高跑速。起跑后的加速跑结束即进入途中跑。途中跑的一个单步由后蹬和前摆、腾空、着地缓冲几个部分组成。

（1）后蹬和前摆

当身体重心移过支点垂直面时，支撑腿开始积极有力地后蹬，用力顺序为伸展髋、蹬伸膝和踝关节。随之，摆动臂迅速有力地向前上方摆出，带动同侧髋前移，形成支撑腿与摆动腿协调配合。

（2）腾空

这是支撑腿离地面后的无支撑状态。支撑腿脚尖离地后，大腿随惯性屈膝折叠，摆动腿的摆动已接近最高点；接着是摆动腿的积极下压，小腿快速摆落，呈鞭打着地状态。

（3）着地缓冲

腾空结束后，摆动腿积极下压，前脚掌着地，屈膝、屈踝缓冲形成支撑。在支撑腿缓冲时，另一侧摆动腿大、小腿折叠，迅速向前摆动，从而增大后蹬效果。途中跑时头部正直，上体稍前倾，摆臂以肩为轴做前后摆动，手半握或伸直。前摆时肘关节小于直角，后摆时略大于直角。摆动应快速有力，幅度较大。

4.终点冲刺

终点冲刺是全程跑的最后一段，任务是尽力保持途中跑的高速跑过终点。终点冲刺要求在离终点线15～20米处，加快两臂摆动的速度和力量，在跑到距离终点线一步时，上体急速前倾用胸部或肩部领先冲过终点线，跑过终点线后逐渐减慢跑速。练习短跑应从途中跑开始学起、练起，然后进行蹲踞式起跑和起跑后的加速跑、终点跑、弯道跑和弯道起跑的练习。练习的重点是途中跑和蹲踞式起跑。

（二）短跑的练习

1.直道途中跑的练习

（1）弹性的慢跑练习

前脚掌着地，脚跟离地较高，富有弹性地慢跑，练习过程中逐渐加大大腿摆动幅度，大、小腿折叠前摆。

（2）中等速度反复跑练习

练习距离为60～100米，练习时跑的动作要放松、协调，步幅开阔，同时注意后蹬和高抬摆动腿的正确方法。

（3）各种跑的练习

通过牵引跑、下坡跑、变速跑等各种练习方法来提高跑的能力。

2.弯道途中跑的练习

（1）进出弯道跑练习

直道跑15～20米，接着跑进或跑出弯道30～40米。弯道跑时身体要自然与弯道弧度一致，才能跑得自然，跑得快。

（2）完整的弯道跑练习

练习距离为150米，体会进弯道跑、弯道跑、出弯道跑的技术。

3.跑的专门练习

（1）小步跑

上体正直，肩放松，两臂前后自然摆动。髋、膝、踝关节放松，迈步时膝向前摆出，髋稍有转动。当摆腿的膝关节向前摆动的同时，另一腿的大腿积极下压，前脚掌扒地式着地，着地时膝关节伸直，脚跟提起，踝关节有弹性。

（2）高抬腿跑

上体正直或稍前倾，两臂前后摆动，大腿积极向前上方摆到水平，并稍稍带动同侧髋向前，大、小腿尽量折叠，脚跟接近臀部。在抬腿的同时，另一腿的大腿积极下压，前脚掌着地，重心要提起，用踝关节缓冲。

（3）后蹬跑

上体正直或稍前倾，两臂自然摆动，摆动腿积极向前上方摆出，躯干扭转，同侧髋带动大腿充分前送。在摆腿的同时，另一腿的大腿积极下压，前脚掌着地，膝、踝关节缓冲，迅速转入后蹬。后蹬时摆腿、送髋动作在先，膝、踝蹬伸在后。腾空阶段重心向前，腾空时要放松，两腿交替频率要快。

(4) 后踢小腿跑

上体正直或稍前倾，两臂前后自然摆动，前脚掌着地，离地时前脚掌用力扒地，离地后小腿顺势向后踢与大腿折叠，膝关节放松，脚跟接近臀部。

(5) 折叠腿跑

上体正直或稍前倾，两臂前后摆动。后蹬结束立即向前上方抬大腿和收小腿，膝关节放松，大、小腿充分折叠，边折叠边向前摆动。在摆腿折叠前摆的同时，另一腿的大腿积极下压，前脚掌着地，膝关节缓冲。

(6) 小车轮跑

前部分要领同折叠腿跑。加大大腿的摆动幅度，当大腿摆到一定程度时，小腿随惯性向前摆出，随着大腿积极下压，小腿主动做扒地式的动作，用前脚掌扒地式着地。

(7) 大车轮跑

要领同高抬腿跑。摆动大腿抬到水平，小腿随惯性向上方摆出，然后随着摆动大腿的积极下压，小腿积极向下刨扒，着地时膝关节可以稍有弯曲，上体可以稍后仰。特别是跑的距离比较长时，用踝关节缓冲，有扒地动作。

二、中长跑

中长距离跑简称中长跑，为中距离、长距离跑的合称，是发展人体耐力的一个项目。经常参加中长跑可增强心血管和呼吸系统机能，培养吃苦耐劳、坚忍不拔的优良品质。中长跑的完整技术包括起跑和起跑后的加速跑、途中跑、终点冲刺等。中跑以发展运动员的速度、耐力为主，长跑以发展运动员的耐力为主。

1.起跑和起跑后的加速跑

中距离跑采用半蹲踞式或站立式起跑，长距离跑采用站立式起跑。

(1) 半蹲踞式起跑：两臂一前一后，一手的拇指与其他四指呈“八”字形撑于起跑线后，另一臂在体侧，体重主要落在前腿和支撑臂上，起跑动作近似蹲踞式起跑。

(2) 站立式起跑的动作顺序按下列口令进行：听到“各就位”口令后，先做一两次深呼吸，然后走或慢跑到起跑线后，两脚前后开立，有力的脚在前，紧靠起跑线的后沿。前脚跟和后脚尖之间的距离约一脚长，两脚左右间隔约半脚，体重大部分落在前脚上，后脚用前脚掌支撑站立，眼向前看3~5米处，身体保持稳定姿势，集中注意力听枪声或“跑”的口令。听到枪声或“跑”的口令时，两腿用力蹬地，后腿蹬地后迅速前摆，前腿迅速蹬直，两臂配合两腿动作做快而有力地摆动，使身体快速向前冲出，在短时间内获得较快的跑速。

2.途中跑

（1）上体的姿势

正确的上体姿势是正直或稍前倾，头部自然，眼平视，面部和颈部的肌肉要放松。

（2）腿部动作

在一个跑的周期中，当身体重心移过支撑点后，开始后蹬与前摆的动作。当摆动腿通过身体垂直部位向前摆动时，支撑腿的各个关节要迅速蹬伸，首先伸展髋关节，再迅速有力地伸展膝关节和踝关节。后蹬结束时，腿几乎伸直或完全伸直。蹬伸的时间应短促，这样才能在蹬伸后及时向前摆腿。

（3）腾空与着地

后蹬腿蹬离地面后，身体进入腾空时期。当后蹬腿的大腿开始向前摆动时，小腿顺惯性自然摆起，膝关节弯曲，形成大、小腿折叠的姿势。当摆动腿的大腿开始下落时，膝关节也随之自然伸直，并用前脚掌着地。

（4）摆臂动作

中长跑时，两臂稍微离开躯干，肘关节自然弯曲，以肩为轴前后自然摆动，摆幅要适当。

3.终点冲刺

终点冲刺是临近终点的一段加速跑，进入最后的直道时，要竭尽全力进行冲刺跑。什么时间开始加速跑，要根据比赛的距离、个人训练水平和战术决定。

4.中长距离跑的呼吸

中长跑过程中，人体消耗能量大，对氧气的需要量也大，因此，掌握正确的呼吸方法是很重要的。中长跑途中，为了加大肺通气量，应采用口鼻同时进行呼吸的方法。呼吸节奏应和跑步节奏相配合，一般采用两步一呼、两步一吸，或三步一呼、三步一吸。呼吸时要注意加大深度。中长跑时，由于氧气的供应落后于身体的需要，跑到一定距离时，会出现胸部发闷、呼吸节奏被破坏、呼吸困难、四肢无力和难以再跑下去的感受，这种现象被称为“极点”，是中长跑中的正常现象。当“极点”出现后，要以顽强的意志继续跑下去，同时加强呼吸，调整步速。这样，经过一段距离后，呼吸变得均匀，重新感到轻松，一切不适感觉消失，这就是所谓的第二次呼吸状态。

三、接力跑

接力跑技术是由起跑技术和传、接棒技术组成的集体项目。接力跑包括4×100米和4×400米接力项目。

（一）接力跑的技术

1.起跑

起跑技术有持棒起跑技术和接棒起跑技术。第一棒传棒人以右手持棒，采用蹲踞式起跑，按规则接力棒不得触及起跑线和起跑线前的地面。持棒起跑技术和短跑的起跑相同。接棒人的起跑采用站立式或半蹲踞式起跑姿势。

2.传、接棒方法

（1）上挑式

接棒人的手臂自然向后伸出，手臂与躯干成40°～50°，掌心向后，拇指与其他四指自然张开，虎口朝下，传棒人将棒向前上方送入接棒人的手中。

（2）下压式

接棒人的手臂向后伸出，手臂与躯干成50°～60°，手腕内旋，掌心向上，拇指与其他四指自然张开，虎口朝后，传棒人将棒的前端由上向下传到接棒人手中。

（3）混合式

第一棒用“上挑式”传棒，第二棒用“下压式”传棒，第三棒仍用“上挑式”传棒。

（二）传、接棒的位置和起跑标志线的确定

接棒人站在预跑线内或接力区的后端，待传棒人到达标志线时便迅速起跑，传棒人跑进接力区，在最合适的位置将接力棒迅速无误地传入接棒人手中；接力跑各棒次的标志线是接棒人起跑的标志，是根据传棒人和接棒人的跑速和传、接棒技术熟练程度确定的。标志线设置的位置一般在预跑线后面，也可以设置在预跑线前面。

四、跳远和三级跳远

（一）跳远

跳远的完整技术由助跑、起跳、腾空和落地四个部分组成。其中，助跑和起跳是跳远技术的关键。

1.助跑

助跑的主要任务是发挥必要的水平速度，为起跳做好准备，是跳远的最关键技术。助跑速度要快，节奏感强，有弹性，踏跳时不能减速找板，要以最高的速度攻板踏跳。

2.起跳

起跳时要提踵、立腰、蹬伸，其主要的作用是改变身体重心向前运动的方向，使之按适宜的起跳角度（18°～24°）起跳。也就是说，踏跳瞬间身体要向斜上方

尽力腾起，双臂斜上摆动带动身体跳起。

3.腾空

腾空也就是踏跳瞬间摆动腿随身体向前摆动，与地面呈平行状态，保持这个姿态（空中的弓箭步，这个就叫腾空步）一段时间（很短，根据自己的水平而定），然后踏跳腿向摆动腿靠拢，准备落地。

4.落地

落地时腰腹发力，双腿尽力向胸前靠拢，小腿向前伸展，完成落地。标准的落地，人是侧向倒的。如果向前倒，就是起跳不充分；如果向后倒，就是助跑速度不合适。

（二）三级跳远

三级跳远是在助跑以后沿直线连续进行三次跳跃的一项运动。三级跳远的成绩也取决于助跑时所获得的水平速度和起跳产生的垂直速度，同时还与每一个动作完成的质量、维持身体平衡的能力和三跳的比例有关。由于从助跑中获得的水平速度在三跳的过程中不断降低，所以如何减少水平速度的损失而又获得合理的垂直速度，是三级跳远技术中要解决的主要问题。

1.助跑

三级跳远的助跑和跳远的助跑基本相似，一般跑18～22步，助跑距离为35～40米。

2.第一跳（单脚跳）

三级跳远的第一跳是用有力的腿做起跳腿，跳起后经过空中交换腿的动作再用它落地，完成单脚跳。由于第一跳以后还要继续进行第二跳和第三跳，所以在第一跳起跳时要尽量保持水平速度。起跳腾空后，上体正直，完成腾空步。腾空步约占第一跳腾空抛物线的三分之一，随后摆动腿自然地由上向下伸并向后摆，同时起跳腿自后屈膝向前上方提摆，并带动同侧髋前移，做积极的换步动作，两臂配合腿的动作由体前经下向体侧后方摆动，以维持身体平衡。在换步后，起跳腿继续摆至大腿与地面平行，然后大腿积极下压，作扒地式落地。两臂由前向后侧摆，准备第二跳。

3.第二跳（跨步跳）

第一跳落地后，摆动腿迅速向前上方摆起，由于缓冲落地的动作而弯曲的起跳腿迅速伸直蹬地，两臂同时配合做伸蹬动作，从后侧向前上方摆动，开始第二跳。起跳后，仍保持腾空步姿势。在腾空抛物线的后三分之一时，开始做落地和准备第三次起跳的动作。两臂配合向前做大幅度的摆振。

4.第三跳（跳跃）

第三跳起跳腾空后，仍保持腾空步姿势，之后的动作与跳远的腾空和落地动作一样，可以采用蹲踞式、挺身式或走步式及其落地方法。

五、跳高

跳高技术的演变过程为跨越式—剪式—滚式—俯卧式—背越式。这里主要介绍跨越式和背越式跳高两种技术。

（一）跨越式跳高

1.助跑

采用侧面直线助跑，左侧助跑者右腿为起跳腿，左腿为摆动腿，右侧助跑者则相反。助跑应逐渐加速。

2.起跳

用起跳脚全脚掌着地，摆动腿稍屈膝积极向前上方摆起，当摆过横杆后，向杆下内旋下压，两臂屈肘上摆。

3.过杆

躯干向横方向侧倒并向起跳腿方向扭转，两臂上举，同时起跳腿迅速向上抬高，完成跨越动作。

4.落地

过杆后，身体侧对横杆，用摆动腿先落地，接着起跳腿落地，稍有缓冲。

（二）背越式跳高

背越式跳高是指背部朝向横杆，身体各部分依次过杆的一种过杆技术。背越式跳高技术是由助跑、起跳及过杆和落地三个阶段组成的，各阶段彼此紧密相连、相互作用。

1.助跑

从背越式跳高的助跑路线可以知道，在助跑开始的前段直线跑，应尽可能大地获得水平速度。在助跑后段的弧线跑应为跑跳创造尽可能大的离心加速度，这样才能更易于向横杆方向运动。开始时采用直线助跑，双肩要下垂，用前脚掌着地，跑时要具有弹性；提高重心，步幅均匀，不断加速。进入弧线跑时，外侧摆动腿富有弹性地蹬地。为了克服离心加速度的作用，上体应稍向弧线内侧倾斜。前脚掌沿弧线落地，身体重心轨迹向内越出足迹线。助跑的节奏要快，特别是助跑最后两步，髋关节前送幅度要大，迈步时上体保持较垂直的姿势，摆动腿积极、充分后蹬，起跳腿快速前伸，同时髋部自然前送。助跑过程中两臂应积极有力地前后摆动，弧线跑时外侧手臂的摆动幅度应大于内侧手臂的摆动幅度。

2.起跳

起跳的目的在于使助跑获得的水平速度迅速转变为垂直向上运动，以使身体充分向上腾起，并为过杆做好准备。起跳动作可分为起跳腿的着地、缓冲和蹬伸三个阶段及摆动腿与双臂的配合。为加快起跳的速度，起跳腿应大幅度、平稳地以脚掌外侧着地，并迅速从脚跟向前脚掌滚动。这时由于迈步放脚时髋关节的积极快速前送和迅速的弧线助跑而形成了身体向后、向内的倾斜姿势。在起跳的缓冲阶段，为了提高起跳的速度，还应减小屈膝的幅度，以利于保持水平速度。在这个阶段，当身体由倾斜转为垂直至身体重心移至起跳腿的上方时，迅速有力地充分蹬直起跳腿的三个关节，躯干在离地前瞬间几乎垂直地立于起跳脚之上。这时起跳腿的蹬伸方向应在身体重心的外侧，从而产生了过杆所必需的旋转冲力。起跳时离横杆较远的一臂使劲地向上摆动，另一臂不要充分摆出，并且较早地制动，这样有利于肩轴倾向横杆。摆动腿的摆动应从屈膝的起跳腿旁开始，以膝盖领先，先屈膝折叠，向跳高架的远端支柱上方用力摆出。当摆动腿摆到起跳腿前方之后应向里转，而小腿和脚要稍许外展。这样的积极动作有助于使骨盆保持在起跳力量的作用线上，围绕纵轴产生转身动作。此时，头应补偿性地转向横杆。

3.过杆和落地

过杆就是充分利用起跳获得的腾空时间改变身体姿势，缩短身体重心与横杆之间的距离，并利用身体的屈伸、旋转越过横杆。过杆时，立即屈髋收腹，下颌迅速引向前胸，同时双腿补偿性地高举两小腿积极向上甩起。应注意，落地前收腹举腿，以背先着地，或团身以肩先着地，然后再做一个后滚翻。为了控制腾越方向，头部不能后仰，要注意在落地过程中的“视力监督”，眼睛始终要注视着横杆方向。

第二节　游泳运动的技能与训练

广义的游泳是指一种凭借自身肢体动作和水的相互作用力，在水上漂浮前进或在水中潜游的有意识的技能活动，是人类在长期的生产劳动和同大自然斗争中产生的，一直与人类生存、生产及生活紧密相连；狭义的游泳运动主要指竞技游泳。游泳运动的价值不仅表现在对人体的健康促进上，还体现在健康意识、体育价值观、休闲意识等的培养和塑造上。水是人类进化及人类社会发展的重要介质，任何个体在这一环境中总会由内及外地找到某种“寄托”，因此，当游泳以一种休闲方式出现时，它的社会价值便在短时间内得到社会的普遍认可和接受。

一、熟悉水性和换气练习

熟悉水性是游泳运动初学者的一项重要技能和必经学习环节，其目的是了解水性，逐步适应水环境，消除怕水心理，掌握游泳的基本动作，如呼吸、浮体、滑行和站立等。水具有浮力、压力、阻力等相关特性，因此在熟悉水性练习过程中，需要充分把握水的基本特性，从而为更好地适应水下运动打好基础。

（1）浮力，即物体在水中受到的作用于其本身的向上的力。

（2）压力。物体浸入水中会受到压力作用。人在水中运动时会受到压力的影响。

（3）阻力。物体在水中运动时，会受到一个和物体运动趋势相反的力，即阻力。在游泳过程中，既要克服阻力，又要利用阻力，如此才能获得向前运动的动力。

（一）水中行走练习

1.水中行走练习的目的

水中行走可体会水的浮力和阻力，掌握身体在水中维持平衡的方法，从而克服怕水心理。

2.水中行走练习的方法

（1）手扶池边行走练习。

（2）同伴协助水中行走练习。

（3）各种方向的走、跳、转身、下沉等动作练习。

（二）呼吸练习

1.呼吸练习的目的

了解在水中呼吸与在陆地上呼吸的不同，掌握游泳的呼吸方法、过程及节奏，适应头浸入水中的感觉，消除怕水心理。

2.呼吸练习的方法

（1）头浸入水中进行闭气练习。手扶池壁边，用嘴吸足气后闭气，慢慢下蹲将头浸入水中，隔一段时间将头伸出水面换气，如此反复练习。

（2）呼吸练习。用嘴和鼻在水中慢慢呼气，在即将露出水面时用嘴将剩余气体用力呼出，然后快速深吸一口气，再次浸入水中憋气，进行循环练习。

（3）两人手拉手在水中进行呼吸练习。

（三）浮体与站立练习

1.浮体与站立练习的目的

浮体与站立练习的目的是体会人在水中的浮力，体会控制身体平衡和在水中站立的方法。

2.浮体与站立练习的方法

（1）抱膝浮体练习

站立水中，深吸气后闭气，低头收腹团身，双臂抱紧膝盖，随浮力背部自然漂浮于水面。站立时松开两臂，前伸下压抬头，两腿伸直，以脚触水底站立，两臂在体侧自然放松。

（2）手扶池边漂浮

手扶池壁，手腿伸展放松，身体在水中呈水平状态。

（3）展体浮体练习

深吸气，蹬地，放松肩，臂腿伸直，仰卧漂浮于水中。站立时收腹，两臂向下压水并抬头，两腿屈膝前收，两脚站立水底。

（四）滑行练习

1.滑行练习的目的

滑行练习的目的是体会水的浮力，掌握在水中保持身体平衡的方法和在水中滑行的姿势。

2.滑行练习的方法

（1）蹬池底滑行练习

直立于水中，手臂上举伸直，两臂夹耳朵，目视前方。深吸气后，屈膝、弯腰、低头，准备蹬池底。

（2）蹬池壁滑行练习

背对池壁，一臂前伸，另一臂拉池壁，目视前方，大、小腿尽量收紧，脚掌贴于池壁，臀部靠近池边。两臂体侧后伸，扶池壁，低头，双臂前伸，背和臀部露出水面后，双腿蹬池壁。随即两臂前伸并拢，头夹于两臂间，两脚用力蹬壁，使身体呈流线型向前滑行。

二、自由泳

自由泳也称为爬泳，是最快、最省力的一种游泳姿势。自由泳时，身体俯卧水中，几乎与水面平行，两腿不停地上下打水，两臂依次轮流划水，动作结构简单、配合协调。游泳是全身运动，任何一个部位的活动都离不开全身的协调配合。从表面上看，自由泳依靠划水和打腿产生推进力，实际上躯干的作用也不容忽视。首先，躯干应保持一定的紧张度，腰部一旦松软，整个人体就紧张不起来；其次，身体的转动能够有效地发挥躯干部大肌肉群的力量，减少阻力。

（一）身体姿势

身体自然伸直，俯卧于水面，上体位置尽可能高。收腹，脸和前额浸入水中，臀部接近水面，目视前下方。游泳过程中，身体随划水和呼吸绕纵轴有节奏转动，转动角度在40°左右。

（二）手臂动作

自由泳的完整配合有多种形式。一般常见的是每划水2次，打水6次，呼吸1次。

1.动作技术要点

口诀：移臂放松肩前插，小臂手掌对准水，沿着中线把速加，两臂轮流交替划。注意划水时保持屈臂高肘，推水用力。

2.手臂动作基本要求

①手的入水点在肩的延长线和身体中线之间，拇指领先，斜插入水。②入水后，手、肘、肩继续前伸，使手臂伸展。随身体的转动，屈腕、屈肘，手臂向外、后方划水。在手下划到最低点后，旋转手臂向内、上、后方划水，保持高肘屈臂的划水姿势。③手臂与水平面垂直时，经手领先，加速推水，手臂转为向外、上和身后划水直到大腿侧，提肘出水。④出水后，手臂自然放松地经空中向前移臂，保持高肘姿势。然后手在肩前领先入水，开始下一个动作。

（三）腿部动作

1.动作技术要点

大腿带动小腿，做上下交替鞭打水动作。

2.腿部动作基本要求

①打腿动作从髋部开始发力，大腿带动小腿，做鞭打水动作。②向上打水，腿从直到弯。从直腿开始向上打，脚接近水面时屈膝，小腿上抬，使脚掌露出水面后向下打水。开始可直腿打水，但腿略放松，不要僵硬，在水的压力下腿会自然弯曲。向下打水前膝关节弯曲角度为130°~160°，打水幅度为30~40厘米，打水时要绷紧脚尖。③呼吸动作。自由泳换气较为困难，一般采用单侧换气法进行换气。换气时以身体中轴线为轴转动，头随躯干的转动而转动，当身体向左侧转动幅度达到最大时进行呼吸，此时左臂应充分前伸，嘴张大吸气。当吸足气后，头转回原来鼻子朝下的位置，头的转动先于身体转动。

（四）自由泳动作技术的练习方法

1.手臂动作练习

练习方法有陆上动作模仿练习、单臂自由泳划水模仿练习、两臂连贯交叉划水配合练习、水中走动时的以臂划水练习、双人配合练习。

2.腿部动作练习

练习方法有陆上举腿动作模仿练习、水中手扶池壁打腿练习、滑行打腿练习。

3.完整配合练习

练习方法有陆上动作模仿练习、单臂划水练习、腿臂配合动作练习、完整配合动作练习。

三、蛙泳

蛙泳配合有一个顺口溜，即“划手腿不动，收手再收腿，先伸胳膊后蹬腿，并拢伸直漂一会儿”。从顺口溜中可看出，手的动作先于腿的动作，要先收手再收腿，伸手后再蹬腿。

（一）身体姿势

在游进过程中，身体俯卧于水中，在完成手臂和腿的动作后身体几乎呈水平姿势。两臂向前伸直，两腿并拢后伸直。头略低，脸浸入水中，水平齐额，眼睛注视水下，身体保持流线型姿态向前滑行。

（二）手臂动作

1.动作技术要点

口诀：分手比肩稍宽，向内旋时伸前方；两臂侧下向后划，并拢伸直漂一会儿。注意划水时移臂相对慢，收手要快，保持动作节奏，明确划水路线，整个臂部技术同时对称进行。

2.手臂动作基本要求

（1）外划

双手前伸，手掌倾斜大约45°（小指朝上）。双手同时向外、后方划，继而屈臂向后、下方划。

（2）内划

掌心由外转向内，手带动小臂加速内划，手由下向上并在胸前并拢前伸（手高肘低，肘在肩下）。

（3）前伸

双手向前伸（肘关节伸直）。注意：外划放松，内划用力加速，前伸积极。

（三）腿部动作

1.动作技术要点

口诀：边收边分慢收腿，向外翻脚对准水；弧形向后蹬夹水，并拢伸直漂一会儿。注意掌握动作节奏。

2.腿部动作基本要求

（1）收腿

屈膝收腿，脚跟向臀部靠拢，收腿动作要轻、慢些，这样可减少阻力。收腿结束时，两膝与肩同宽，小腿与水面垂直，脚掌在水面附近。

（2）翻脚

两脚距离大于两膝距离，两脚外翻，脚尖朝外，脚掌朝天，小腿和脚内侧对准水呈“W”形。

(3) 夹蹬水

实际上是腿伸直的过程（屈髋、伸膝），由腰腹和大腿同时发力，以小腿和脚内侧同时夹蹬水，先是向外、后、下，然后是向内、上方蹬水，像画半圆。向外蹬水和向内夹水连续完成，即连蹬带夹。蹬夹水完成时双腿并拢伸直，双脚内转，脚尖相对。蹬水的速度不要过猛，要由慢到快地加速蹬水，两条腿将近伸直并拢时蹬水速度最快。

(4) 停

双腿并拢伸直后再做一个短暂滑行（1～2秒）。

（四）完整配合动作

1.动作技术要点

口诀：划手腿不动，收手再收腿；先伸胳膊再蹬腿，手腿伸直漂一会儿。注意先划手再收腿，蹬腿时手伸直不动，先划行再划臂。

2.完整配合动作基本要求

蛙泳的完整配合动作是双手外划时抬头换气，双手内划时收腿低头稍憋气，双手前伸过头时蹬腿吐气。在一个动作周期内采取1次呼吸、1次划水、1次蹬腿的配合技术。

（五）蛙泳动作技术的练习方法

1.手臂动作练习

练习方法有陆上动作模仿练习、池边划臂动作练习、水中原地划臂动作练习、走动时划臂动作练习。

2.腿部动作练习

练习方法有陆上动作模仿练习、池边蹬腿练习、双人蹬腿练习、滑行蹬腿练习、夹板蹬腿练习。

3.完整配合练习

练习方法有陆上动作模仿练习、分解配合练习、腿臂配合练习、完整配合动作练习。

四、蝶泳

蝶泳手臂动作的外形像是蝴蝶飞舞，因此被称为“蝶泳”；而躯干和下肢动作像是海豚在水中追逐，所以蝶泳也被称为“海豚泳”。它是四种竞技游姿中最美的一种。

（一）身体姿势

游进过程中，头、颈、躯干、腿、脚沿着整个身体纵轴做转动式的梯次起伏，形成有节奏的波浪运动。头部保持较稳定的姿势，除了抬头吸气外，眼睛一直注视下方，抬头吸气时略收。

（二）手臂动作

1.动作技术要点

口诀：两臂入水比肩宽，入水同时要伸肩；两臂抱水不分家，前宽后窄加速划。注意划臂动作要连贯、协调，推水、出水要加速。

2.手臂动作基本要求

①蝶泳的手入水点在两肩的延长线上，以拇指领先，斜插入水。②入水后，肩、肘前伸，两手沿曲线向外、后、下方抓水。两手分开到肩宽时，屈肘，加速划水。③两手分开达到最大宽度后，手臂转为向内、上和后划水，手臂上抬时保持高肘屈臂。两手在胸下或腹下时，手之间的距离保持最近。④呼吸与划水的配合也是蝶泳技术的关键。手臂结束向内划水时，头露出水面吸气，移臂时头入水。头在手出水前出水，在手入水前入水。⑤双手划水，两手距离最近时，手臂划水的方向再一次改变，转为向外、上和后划水，直至出水。⑥划水出水后，手臂在肩的带动下经空中向前移臂，准备入水，移臂一般以低、平、放松的姿势从两侧前移。

（三）躯干和腿部动作

1.动作技术要点

口诀：水平俯卧呈流线，低头移臂扑向前；波浪打水推呼吸，展胸提臀腰发力。注意肩部保持平稳，由脊柱和腰部发力，大腿带动小腿，做上下鞭打水动作，从屈腿小幅打水逐渐过渡到上下鞭打水。

2.躯干和腿部动作基本要求

①开始时双腿自然伸直，双脚内扣呈“八”字形。②腰部发力，带动脊柱、大腿、小腿，做上下鞭打水动作。③大腿向下打水时提臀，然后两腿伸直向上移动，臀部下沉。④脚接近水面时大腿下压，屈膝，脚露出水面，用力向下后方打水。

（四）完整配合动作

1.动作技术要点

口诀：首次打腿臂入水，划至胸下再打腿；低头伸臂慢呼气，加速推水抬头吸。注意两臂入水时打第一次腿，划至肩下时打第二次腿，动作要连贯、协调。

2.完整配合动作基本要求

完整动作技术一般是采取2次打腿、1次划水、1次呼吸的配合方式。划水路线一般为“钥匙孔”形，两手在胸下或腹下时的距离最近，这种前后划水路线比较均匀。注意蝶泳的四肢动作是双臂、双腿同时协调发力。

（五）蝶泳动作技术的练习方法

1.手臂动作练习

练习方法有陆上动作模仿练习、池边划臂动作练习、水中原地划臂动作练习、蹬腿滑行划臂动作练习、夹板划臂动作练习。

2.腿部动作练习

练习方法有陆上动作模仿练习、池边蹬腿练习、双人蹬腿练习、滑行蹬腿练习、夹板蹬腿练习。

3.完整配合练习

练习方法有陆上动作模仿练习、分解配合练习、腿臂配合练习、完整配合动作练习。

五、仰泳

仰泳是仰卧在水中的泳姿。游泳时，脸部露出水面，呼吸方便，动作简单，易掌握，实用价值大，可在水中休息、托运物品、救护溺水者，深受初学者的欢迎。

（一）身体姿势

身体自然伸展至水平，仰卧于水面，头和肩部略高于臀，水齐耳际，脸部露出水面，身体尽可能处在较高位置。游进过程中，身体随划水和打腿动作绕纵轴有节奏地转动，角度在45°左右，头部保持不动。

（二）手臂动作

1.动作技术要点

口诀：空中移臂侧入水，屈臂屈肘对准水；向后加速快推水，两臂轮流来划水。注意屈腕划水积极充分，并保持屈臂。屈肘对水，向后划水，两臂前后交替轮流划水。

2.手臂动作基本要求

①用臂划水时，出水以拇指领先，移臂时手臂与水面垂直，上臂贴近耳朵。移臂过程中手臂旋转，入水时小指领先插入水中。②两臂划水应与身体转动协调配合，两肩不断形成位置差。两臂始终处于相反的位置，一臂划水时，另一臂移臂。移臂时手臂紧贴身体。③移臂时如果手臂易弯曲，则可暂时用小指领先出水，

养成直臂出水的习惯以后再用拇指领先出水。④身体始终保持伸展正直，几乎水平仰卧于水面。

（三）腿部动作

1.动作技术要点

口诀：大腿来发力，小腿用力蹬；脚尖斜向里，鞭状来交替。注意直腿下压，屈腿上踢，两腿上下交替向后上方鞭打水。

2.腿部动作基本要求

①以髋关节为轴，两腿上下交替打水。由腰和大腿发力并依次把力量传递到膝和踝关节，形成用脚背对水的有节奏地向后上方的鞭状打水动作。②直腿下压。通过臀部肌肉群的收缩，大、小腿直腿下压至一定深度后，大腿停止继续下压，小腿和脚在惯性作用下继续下压，当膝关节弯曲成135°左右时，完成下压动作。③屈腿上踢。下压动作结束后，小腿和脚形成较好的对水面，大腿带动小腿用力向后上方做踢水动作，注意膝关节和脚面不能露出水面。

（四）完整配合动作

1.动作技术要点

口诀：自然仰卧在水中，臀部微收稍展胸，两腿上下来踢水，两臂轮流划水。注意身体自然伸展，呈流线型姿势仰卧水中。两腿交替做上踢下压鞭打水。直臂空中移臂，屈臂屈肘向后划水。

2.完整配合动作基本要求

①保持水平身体姿势，躯干和肩随手臂动作围绕纵轴转动，始终有一肩不露出水面。一般每划水2次，腿打水6次，呼吸1次。②呼吸虽不受限制，但最好采用有节奏的呼吸方式，或固定在一臂移臂时吸气。划水及身体在水中行进时会有波浪及水花，随意呼吸易导致呛水。③两腿交替上下打水。向上打水要快而有力，脚略内旋并绷直，向下打水时腿和脚自然放松。

第五章　休闲运动的技能与训练

第一节　徒手体操的技能与训练

一、徒手体操的技能与训练

徒手体操是不借助任何器械进行的身体操练。一套完整的徒手体操是按照练习的目的，依据头颈、上肢、下肢和躯干的活动顺序选择动作，然后加以组合变化而成。这种编排能保证练习者在短时间内，身体活动能力得到全面激发，心理得到充分放松。长时间专注于某项工作，身体运动状态处于较为单一或身体几乎长时间处于静止状态下的人，进行徒手体操练习，被称为主动休息。此时，徒手体操可使身体和大脑皮层得到积极性休息，机体代谢能力增强，内脏各器官系统的功能提高。这也是我国广大中小学校进行课间操的主要原因。另外，在青少年中开展徒手体操活动，对于骨骼生长，肌肉力量和弹性的增强，以及身体的正常发育和正确姿势的形成，都有良好的作用。利用多种复杂动作的变化练习，有助于提高中枢神经对各部分肌肉群的支配能力，从而增强和发展身体的协调性、灵活性和柔韧性等素质。此外，经常练习徒手体操还可培养学生组织性、纪律性和协同一致能力。

由于徒手体操具有以上特点和作用，所以它成为各类学校体育教学和训练的重要内容，广泛应用于课堂上、课间和课外活动中。广播体操、生产体操、医疗体操以及团体操等，大部分都以徒手体操为主。

（一）徒手体操的动作及技能

1.单人动作

按照人体解剖结构，徒手体操的单人动作包括头颈、上肢、下肢和躯干动作。

其动作的最基本类型包括举、振、摆、屈、伸、绕、绕环、旋转、踢、蹲、跳、弓步、体转等。就动作部位而言，有些动作是由身体两个以上部位参与完成的，有些是由身体多个部位甚至是全身都参与完成的；就动作类型而言，有些是以较为单一类型的动作出现，更多的则是以两种，甚至是多种类型动作出现在一个动作中的。即使是身体一个部位、一种类型的动作，也有多种组合形式、运动方向和路线的变化。因此，徒手体操均是由身体的基本动作互相有机组合和变化而来的，这些变化总括起来，主要以由身体同一部位动作的组合及变化和身体不同部位动作的组合及变化两种形式体现出来。

（1）身体同一部位动作的组合及变化

在身体同一部位中，由于动作方向、路线与动作类型不同，可产生两种组合及变化：一种为同类型不同运动方向、路线的组合。以臂上举动作为例，由于两臂举的方向不同，就可构成许多不同的动作，如一臂前举，另一臂上举、侧举或后举等。另一种为不同类型动作的组合。例如，以上肢为例，一臂做举，另一臂做屈的组合。

（2）身体不同部位动作的组合及变化

在徒手体操的同一节拍中，身体同时由两个或两个以上部位参与活动。由于身体部位与动作类型不同，也可产生两种变化。一种是同类型动作的组合，如上肢、下肢的动作组合，它们都有举、振、摆、屈、伸等同类型的动作，彼此可相互结合构成做法不同的动作。例如，两臂侧摆，一腿侧摆；两臂侧举，一腿前或侧、后举等。另一种是不同类型动作的组合，如下肢的蹲与上肢举的组合，上肢、躯干的屈与下肢侧弓步的组合等，身体各部位的基本动作几乎都可以互相结合。

2.双人动作

双人动作是两人互相协调配合下共同进行的徒手体操练习，它的基础是单人徒手体操动作。但是，它不是单人动作的简单重复，而是要充分利用双人所具有的条件、所处的空间等，通过互相协作、互相借助、互相对抗等动作练习，达到锻炼身体的目的。根据用力性质的特点，可将双人动作划分为帮扶性动作、对抗性动作和协同性动作。

帮扶性动作：即一人帮助另一人做动作，如拉肩、搬腿、体前屈、甩腰。

对抗性动作：即两人互相对抗用力做动作，如两人面向成弓步，双手互握，两臂依次用力互推；再如，两人面向手互握，依次用力互推。

协同性动作：即两人互相借助或依附地同时做动作，如两人面向分腿站立，两手互扶肩，上体前屈压肩；两人背向挂肘蹲跳等。

3.集体动作

集体动作是在双人动作的基础上，由多人互相配合进行的练习。例如，集体成圆形面向圆心，手互握，前进做臂上举体后屈，后腿臂后举体前屈等。依据动作类型和动作部位，可以将徒手体操分为以下几类。

（1）头颈动作

屈：前屈、后屈、侧屈。

转：左转、右转。

绕：左绕、右绕。

绕环：左绕环、右绕环。

（2）上肢动作

举：臂前平举、臂后举、臂上举、臂侧平举、臂前上举、臂前下举、臂侧前举、臂侧上举、臂侧后举等。

振：直臂上举后振、屈臂上举后振、臂下举后振、臂胸前平屈后振、一臂上举一臂下举后振等。

屈：臂胸前平屈、臂肩侧屈、臂体前屈、双手叉腰、双手抱头、双手抱拳于腰间等。

伸：臂前伸、臂上伸、臂侧伸等。

绕与绕环：臂以各种姿势开始，向前、后、上、下、侧，又经过不同方向，如侧平举向前的绕或绕环，臂上举向后的绕或绕环等。

（3）下肢动作

举：下肢前举、后举、上举、侧举、前上举、前下举、侧前举、侧上举、后举、侧后举等。

踢：下肢前踢、后踢、侧踢等。

屈：下肢前屈、后屈、侧屈等。

伸：下肢前伸、后伸、侧伸等。

绕与绕环：体前向内、向外绕环，体侧向前、向后绕环等。

各种步型：弓步（前、后、侧弓步）、马步等。

蹲：全蹲、半蹲等。

跳：单脚跳、双脚跳、屈膝式跳、碰撞式跳、向不同方向跳。

（4）躯干动作

屈：上体前屈、后屈、左屈、右屈等。

转：上体向左转、右转等。

绕环：上体向左绕环、右绕环等。

倾：上体前倾、后倾、左倾、右倾等。

（5）混合动作

立：直立、开立、点地立、起踵立、单（双）腿跪立、蹲立。

撑：蹲撑、俯撑、仰撑、跪撑、坐撑、屈体立撑。

卧：俯卧、仰卧、侧卧。

坐：并腿坐、分腿坐、跪坐。

（二）徒手体操训练

1.基本动作

（1）头颈动作

第一，屈。有前屈、后屈、侧屈三种。前屈时，下颌接触胸锁关节；后屈时，下颌向上；侧屈时，耳部对肩。

第二，转。有左转或右转两种。面部向左为左转，面部向右为右转。

第三，绕旋。有左绕旋或右绕旋两种。头经前屈部位向左绕360°及360°以上，或向右绕360°及360°以上。

（2）上肢动作

第一，举。有基本方位、中间方位及斜方位的举。

基本方位的举：①前举，直臂平肩同肩宽，掌心相对。②侧举，直臂平肩，掌心向下。③上举，直臂向上同肩宽，掌心相对。④后举，直臂同肩宽，尽量向后举，掌心相对。

中间方位的举：指直臂与两个基本方位成45°的举。侧下举掌心向下，前上举、前下举、侧上举、后下举掌心相对。

斜方位的举：指直臂与三个基本方位成45°的举。前上侧、前下侧、后下侧斜举，掌心相对。

第二，屈。屈有：①肩侧屈，屈于肩侧，拳心相对，挺胸肩后张（或手指触肩和手触头后）。②胸前平屈，屈于胸前，小臂平胸，掌心向下。③腰侧屈，握拳提于腰际，拳心向上，或手叉腰，四指并拢在前。

第三，伸。由各种屈姿势开始，臂向上、向侧、向下等方位用力伸直。

第四，振。振有：①上举后振，直臂掌心向前。②侧举后振，直臂掌心向上。③胸前平屈后振，掌心向下。④下垂后振，直臂掌心向后。⑤前举交叉振，直臂掌心向下。

第五，摆。摆有：①前摆、后摆、侧摆，臂摆动自然有节奏。②弧形摆，臂划弧摆动自然有节奏。

第六，绕。绕有向前、后、上、下、左、右、内、外等绕，直臂，自然有节奏。如由臂下垂开始，后绕至前举、左绕至右举、内绕至侧举；由臂侧举开始，上绕至下垂、下绕至上举；由臂上举开始，前绕至后举、外绕至腹前交叉。

第七，绕环。要求与方向同绕，只是臂移动范围在360°或360°以上。

（3）下肢动作

第一，举。有前举、侧举、后举，直腿与地面平行（后举尽量平），脚面伸直。

第二，屈和伸。有前屈、侧屈、后屈三种。前屈、侧屈是髋角、大腿与小腿夹角成90°，脚面伸直；后屈是大腿与小腿夹角约成90°，脚面伸直。伸有前伸、侧伸、后伸，由前屈、侧屈、后屈的姿势开始，腿用力伸直。

第三，踢。踢有前踢、后踢、侧踢和异侧踢，直腿用力高踢，脚面伸直。

第四，蹲。蹲有：①全蹲，腿尽量弯曲。②半蹲，大腿与小腿夹角成90°。

第五，跳。单脚跳、双脚跳：腾空时，腿和脚面伸直，落地时，前脚掌先落地。

第六，弓步。弓步有前弓步、后弓步、侧弓步，上体正直，屈腿的膝部与脚尖在一垂线上，另一腿要直，脚跟不得离地，脚尖稍外转。

（4）躯干动作

第一，屈。屈有：①前屈，腿要直。②后屈，挺胸抬头。③侧屈，肩侧对地。

第二，转。转有：左转、右转，上体向左转、向右转，脚不动。

第三，振。振有：①前振、后振，稍抬头挺胸。②侧振，颈部应保持紧张。

第四，绕旋。绕旋有左绕旋、右绕旋，上体经前屈向左或向右，幅度要大。

2.单节动作

（1）头颈运动

【练习一】

预备姿势：两手叉腰。①前屈。②还原。③后屈。④还原。⑤左屈。⑥还原。⑦右屈。⑧还原。

【练习二】

预备姿势：两手叉腰。①左转。②还原。③右转。④还原。⑤～⑦左绕旋一周。⑧还原。

（2）上肢运动

【练习一】

预备姿势：直立（以下凡为直立者，说明省略）。①前举。②还原。③侧举。④还原。⑤上举。⑥还原。⑦后举。⑧还原。

【练习二】

①前举。②上举。③侧举。④还原。⑤～⑧同①～④。

【练习三】

①左脚侧出，左臂侧举，右臂前举。②臂还原。③左臂上举，右臂侧举。④还原。⑤～⑧同①～④。

【练习四】

①前击掌。②后击掌。③上击掌。④还原。

【练习五】

①左臂上举后振，右臂后举后，手握拳。②还原。③同①，唯两臂交换。④还原。

(3) 下肢运动

【练习一】

预备姿势：两手叉腰。①左腿前屈。②伸至前举。③同①。④还原。

【练习二】

①全蹲，两手叉腰。②起立，左腿侧举。③同①。④还原。

【练习三】

①左脚前出重心前移，右脚尖点地，两臂上举。②右腿前上踢，两手在右腿下击掌。③还原成①。④还原。

【练习四】

①左腿侧出，两臂左上举。②右腿左前踢，两臂右后下振。③还原成①。④还原。

【练习五】

①②面向左转体成弓步压腿。③④左腿伸直、勾右腿屈膝，体前屈压腿。

⑤⑥面向正前，左腿侧屈膝成弓步，上体正直。⑦⑧同⑤⑥，唯方向相反。

(4) 四肢运动

【练习一】

①起踵，两臂侧举。②屈膝半蹲，两臂经下弧形摆至前举。③还原成①。④还原。

【练习二】

①左腿侧踢，两臂侧举。②成左弓步，两臂腹前交叉。③同①。④还原。

【练习三】

①两臂内绕至上举。②屈膝半蹲臂侧举。③起立，两臂经胸前绕至上举。④屈膝半蹲，两臂屈举于胸前两侧。

(5) 扩胸运动

【练习一】

①两臂经前至胸前平屈后振。②两臂前伸至侧举后振。③同①。④还原。

【练习二】

①两臂前举。②臂侧举后振，接着至前举臂交叉，左臂在上。③两臂经侧举后振至前举。④还原。

【练习三】

①两臂胸前平屈后振。②左臂侧上、右臂侧下举后振。③同①。④左臂侧下、右臂侧上举后振。

【练习四】

①两臂胸前平屈后振。②两臂侧举后振。③两臂经后下绕至上举后振。④两臂后举后振。

（6）体侧运动

【练习一】

①左脚侧出脚尖点地，两手扶头后，上体左倾。②还原。③同①，唯方向相反。④还原。

【练习二】

①左脚侧出，两臂侧举。②上体左屈。③还原成①。④还原。

【练习三】

①左脚侧出，两臂侧举。②左臂前举，右臂上举，上体左屈。③同②，唯方向相反。④还原。

【练习四】

①左脚侧出，两臂侧举。②上体左屈振，右臂经上向左击掌一次。③同②。④还原。

【练习五】

①②左脚侧出，左臂左绕环一周半至上举，右臂左绕环一周至手叉腰。③④上体右屈两次。

【练习六】

①左脚侧出，两臂经前、上绕至侧举。②右脚从左腿后交叉，脚尖点地，右臂上举，左臂稍屈贴于体后、上体左屈。③还原成①。④还原。

（7）体转运动

【练习一】

①左脚侧出，两臂前举。②上体左转、两臂左后摆。③还原成①。④还原。

【练习二】

预备姿势：开立，两手叉腰。①上体左转，两臂侧举后振。②还原。③同①，唯方向相反。④还原。

【练习三】

①左脚侧出，两臂侧举。②上体左转，右掌击左掌。③还原成①。④还原。

【练习四】

①左脚侧出，两臂侧举。②上体前屈左转，右手触左脚尖。③上体抬起并右

转，两臂侧上举。④还原。

（8）腹背运动

【练习一】

①两臂上举，体后屈。②上体前屈，两臂后举。③半蹲，两臂前举。④还原。

【练习二】

①两臂上举，体后屈。②上体前屈两手扶膝。③体前屈两手抱膝后下压。④还原。

【练习三】

①左脚侧出，两臂上举。②两臂后绕环一周，体后屈。③体前屈，两臂从两腿间后伸。④左脚收回全蹲，手扶膝，肘外分，指相对。

【练习四】

预备姿势：开立。①两臂经侧上举击掌，体后屈。②上体左前屈，两手在左腿后击掌。③同①。④同②，唯方向相反。

（9）全身运动

【练习一】

①左脚前出成弓步，臂上举，体后屈。②体前屈，臂后举。③还原成①。④还原。

【练习二】

①臂上举，体后屈。②体前屈，手掌触地。臂上举。③左脚前出成弓步，体后屈。④还原。

【练习三】

①左脚前出成弓步，臂上举，体后屈。②③右转体180°经右弓步，接着上体和臂经前向左绕至①的姿势。④还原。

【练习四】

①蹲撑。②腿后伸成俯撑。③还原成①。④还原。

【练习五】

①左腿后举，臂上举。②左腿落回，体前屈，臂后举。③上体抬起，右腿后举，臂上举。

④右腿落回体前屈，手指触地。⑤~⑦左脚侧出呈大开立，上体向左绕旋一周。⑧还原。

第二节 器械体操的技能与训练

一、单杠动作技术与教法

单杠是器械体操主要项目，在各类学校男、女体操教学中均占有一定的比重，是中小学体操教学的重要内容之一。单杠动作很多，依据动作类型可分为静力性动作和动力性动作；依据动作特征可分为支撑动作、悬垂动作；依据动作结构可分为摆动、屈伸、回环、转体、腾越、换握、空翻等动作。可单个动作进行练习，也可以各种单个动作的组合成套动作进行练习。系统地进行单杠练习，对增强和发展臂部、肩带、腹背肌肉力量和协调性，以及前庭分析器官的判断能力，培养勇敢、果断、顽强的意志品质，都具有重要的作用。

单杠动作教学一般先从低杠、中杠再到高杠动作过渡，动作安排也要由简单到复杂，由单个到成套动作组合进行。例如，各种悬垂以及悬垂跑动转体、摆动，各种支撑以及支撑转体，各种上法、下法等动作，逐渐过渡到回环、屈伸、摆动转体以及混合动作，在动作教学过程中，要重视提升学生相应的身体素质水平和协调、灵活、平衡、柔韧等多种能力。

（一）静止姿势

单杠的静止姿势包括支撑动作和悬垂动作。简单的悬垂与支撑动作，是许多动作的开始与结束姿势，又是初学者学习单杠时的最基本动作，应准确地掌握，为进一步学习其他动作打下良好的基础。

1.悬垂

两手握杠同肩宽，身体自然伸直，两腿夹紧，脚尖绷直，垂直于地面，头要正，颈要直，肩略下沉。

2.站立悬垂

前站立，距杠约一臂远，两手握杠与肩同宽。

3.单挂膝悬垂

两手握杠，一腿在两手中间，膝不弯曲挂杠，另一腿前伸。两臂伸直，挺身，稍抬头。

4.屈体悬垂

两手正握杠，与肩同宽，收腹屈腿上举（上身与双腿成90°），双腿伸直。

5.支撑（正撑）

两手握杠，两手之间的距离与两肩同宽，两臂顶肩推杠，使大腿上部靠杠，上体稍前倾，两腿伸直并拢后举，身体挺直。

6.后撑

两手身后握杆，两手之间的距离与肩同宽，直臂顶肩推杠，使大腿后部靠杠，上体稍后倾，身体自然伸直，梗头，眼睛平视。

7.骑撑

两手握杠，两手之间的距离与肩同宽，两腿前后分开骑在杠上，两腿之间夹角尽量在90°以上，上体正直，稍挺胸，头要正。

（二）用力动作

1.慢翻上

动作要领：由悬垂开始，屈臂引体，同时收腹向杠后上方举腿，上体后倒。当腹部靠杠两腿至杠后垂直部位时，两腿制动。接着上体抬起、翻腕，抬头成支撑。

教学规格：匀速用力，支撑时腿不得低于杠水平下45°。

保护与帮助：保护者站于练习者的侧方杠前，一手托练习者的臀部，另一手托其肩部。

教学方法：①练习低杠慢翻上成支撑。②在同伴或教师的帮助下完成动作。

2.一腿摆动，一脚蹬地翻上成支撑

动作要领：屈臂握杠，从一腿后举开始。后举腿经前向上，向后用力摆起，另一腿脚部蹬地迅速赶上摆动腿同时肩后倒。当腹部贴杠两腿至杠后水平部位时，制动腿，上体抬起，翻腕成支撑。

教学规格：支撑时，腿不低于杠水平后下45°。

保护与帮助：保护者站在练习者前侧方，一手托其臀部，另一手拨、托肩，帮助练习者翻转。翻上后，一手扶练习者的上臂，另一手托练习者的腿。

教学方法：①在蹬地处放助跳板做。②在同伴或教师的帮助下进行练习。

3.骑撑后倒挂膝上

动作要领：由右腿骑撑开始。两臂伸直撑杠臀部后移，左腿稍后摆。右腿屈膝挂杠，上体后倒，髋关节前送，左腿前摆过杠前水平时制动。回摆至杠下垂直部位时，左腿继续用力后摆，同时两臂和右腿用力压杠上成骑撑。

教学规格：摆动腿伸直，直臂压杠上成骑撑。

保护与帮助：保护者站在杠前左侧方，后摆挂膝上时，一手托练习者的背部，另一手压练习者的摆动腿帮助其压杠上成骑撑。

教学方法：①单挂膝悬垂摆动练习。②单挂膝摆动压上练习。③在同伴或教师的帮助下完成练习。

4.支撑后摆下

动作要领：由支撑开始。两腿稍前摆，两肩稍前倾，接着两腿用力后摆，两臂伸直用力撑杠。当两腿后摆接近极点时，含胸并制动两腿，接着两臂用力顶肩推杠，上体抬起保持挺身落下。

教学规格：两腿后摆时要高于肩水平，推手后有挺身姿势。

保护与帮助：保护者站于杠后侧方，一手握练习者的上臂，另一手托练习者的双腿。

5.跑动屈伸上

动作要领：由站立悬垂开始。左腿站立、右腿后举、拉开肩角的悬垂开始，右腿前摆，右左脚依次快速蹬地，使身体前摆至极点，接着借左脚蹬地之力，迅速收腹举腿，屈髋，翻臀，脚接近杠，使身体屈体悬垂后摆。待身体后摆至肩过杠下垂直部位时，两腿立即沿杠向前上方伸。同时两臂伸直用力压杠，翻腕，上体迅速前跟上成支撑。

教学规格：直臂压上成支撑，重心要高。

保护与帮助：保护者站在杠后侧方，一手托练习者的大腿，另一手托练习者的腰背部。

教学方法：①跳起经直角悬垂摆动和收腹举腿练习。待练习者向前上方伸腿。②仰卧在垫上，手持体操棍前上举，然后做收腹举腿动作，使踝关节接近体操棍并带动腿部向前上方伸出，使棍沿腿滑至髋关节处，上体顺势坐起。③在同伴或教师的帮助下完成。

6.支撑后倒屈伸上

动作要领：由支撑开始。两臂伸直撑杠，上体后倒，当身体失去支撑时，顺势收腹，屈髋，两腿沿杠落至踝关节靠近杠成屈体悬垂前摆，同时肩和臀部顺势向前送出，并随即制动两腿，使肩角负拉开，臀部高于肩。当身体后摆肩过杠下垂直部位后，两腿沿杠杆向前上方伸出，同时两臂伸直用力压杠，上体前跟，翻腕上成支撑。

教学规格：同跑动屈伸上。

保护与帮助：同跑动屈伸上。

教学方法：①在帮助下做支撑后倒成屈体悬垂摆动练习。②在帮助下做低杠站立悬垂，跳起经躯体悬垂摆动屈伸上。

7.骑上

动作要领：由站立悬垂开始。屈膝半蹲向后上方跳起提臀、屈髋举腿、直臂含胸沉肩，向前上方摆动。当前摆接近极点时，迅速举腿、屈髋、翻臀，使两脚靠近杠成分腿前后贴杠，并直臂压杠紧跟上体迅速前跟上成支撑。

教学规格：直臂压上成支撑，重心要高。

保护与帮助：保护者站在杠后侧方，一手托练习者的大腿，另一手托练习者的腰背部。

教学方法：①跳起摆动和收腹举腿练习，待练习者向前上方伸腿。②仰卧在垫上，手持体操棍前上举，然后做收腹举腿动作，使踝关节接近体操棍并带动腿部向前上方伸出，使棍沿腿滑至髋关节处，上体顺势坐起。③在同伴或教师的帮助下完成。

8.支撑后倒弧形下

动作要领：由支撑开始。直臂压杠，梗头后侧，同时两腿前摆并向前上方举起，稍屈髋。身体前摆使肩至杠下垂直部位时，两腿迅速向前上方举起并带动髋关节沿弧线伸出，两臂伸直用力，向后领杠，拉开肩角后松手，挺身落下。

教学规格：身体腾空时，臀部高于杠前水平面，动作伸展。

保护与帮助：保护者站在杠的前侧方，一手从杠下翻握练习者的手腕或上臂，另一手在练习者后倒时托其腰部前送至落地。

教学方法：①低杠站立悬垂，两脚跳起弧形下。②在低杠上做不脱手的支撑后到弧形摆出动作练习。③在低杠前拉一根橡皮筋，使练习者越过，橡皮筋的高低和远近可视情况进行调整。

9.单挂膝后回环

动作要领：由左腿骑撑姿势开始。两臂伸直撑起右腿尽量后摆，左腿屈膝挂杠，重心后移，上体后倒，同时右腿前摆。当肩回环到接近杠前水平部位时，制动右腿，迅速抬上体，同时翻腕压杠，左腿前伸上撑骑。

教学规格：直臂回环，摆动腿始终伸直。

保护与帮助：保护者站在杠前练习者右侧，左手从杠下翻握练习者的右腕，当回环过杠下垂直部位后，右手托练习者的肩部，左手换托练习者的右大腿。

教学方法：①骑撑后倒练习（帮助人在杠后侧抱住练习者的右腿），让练习者体会重心后移和挂膝动作。②做后倒成单挂膝悬垂前摆动作练习。③在同伴或教师的保护和帮助下完成动作。

10.骑撑前回环

动作要领：由右腿骑撑两手反握开始。直臂顶肩撑杠，同时右腿向前上跨出，左大腿上部靠杠，立腰，上体挺直前倒。当身体回环接近杠后水平部位时，右腿向前下方压杠，展髋，左腿继续后摆，同时向上挺胸直臂压杠。翻腕上成骑撑。

教学规格：直臂直腿回环，两腿夹角要大于90°。

保护与帮助：保护者站在杠后右侧，右手从杠下翻握练习者手腕，左手从杠下托送其大腿，待身体回环过杠下垂直部位后，左手托其背部，右手换压练习者的右大腿帮助其压上成骑撑。

教学方法：①帮助者在杠前托练习者右小腿，使其体会右腿前跨，上体挺直前倒动作。②在杠后托练习者背部，使其体会伸髋压杠动作。③在杠前设一标志物，让练习者右腿前跨触标志物做前回环。

11.骑撑后回环

动作要领：由右腿骑撑开始。两臂伸直撑起身体重心，左腿后摆身体重心顺势后移使右大腿后上部贴杠。接着上体伸直后倒，右腿前摆带动身体绕杠回环。待身体回环接近杠下垂直部位时，换左大腿前上部贴杠，身体继续回环。当身体回环至杠前水平部位时，左腿制动，抬上体，两臂伸直翻腕压上成骑撑。

教学规格：回环方向要正。

保护与帮助：保护者站在杠前左侧方，右手从杠下翻握练习者的左手腕，待练习者身体回环接近杠前水平部位时，左手顺势托其肩，右手换托其摆动腿。

教学方法：①做向后摆腿后的上体直体后倒动作练习。帮助者在杠后托住练习者的背部，使练习者体会上体后倒动作。②在同伴或教师的帮助下完成动作。

12.支撑后回环

动作要领：由支撑开始。两腿稍前摆，接着后摆，使身体高于杠水平面，当腿下落腹部接近杠面时。上体迅速后倒，两腿前摆稍屈髋，两臂压杠使大腿上部靠杠回环。当肩过杠下垂直部位后，制动两腿，同时迅速抬上体，展髋，翻腕上成支撑。

教学规格：直臂直体回环、动作圆滑。

保护与帮助：保护者站在杠前侧方，一手从杠下翻握练习者的手腕，当练习者两腿下落时，一手托其腰臀部，使大腿上部靠杠。当抬上体时，一手从杠下托练习者的大腿，另一手换手托其肩。

教学方法：①支撑后摆还原成支撑。②在同伴或教师的保护和帮助下完成练习。

13.支撑单腿摆越成骑撑

动作要领：由支撑开始。右手推杠，重心移至左臂，接着右腿迅速侧摆越杠，然后身体重心移回，同时右手握杠成骑撑。

教学规格：直腿摆越，骑撑时两腿夹角在杠下前后各45°以上。

保护与帮助：保护者站在杠后左侧，左手扶练习者左臂，右手扶练习者左腿。

教学方法：①站立，手持体操棍于腹前，做单腿向前摆越的模仿练习。②在横箱（马）上做单腿前摆越成骑撑。③在同伴或教师的保护帮助下完成动作。

14.骑撑单腿向前摆越成后撑

动作要领：由右腿在前的骑撑开始。身体重心右移至右臂上，接着左手推杠左腿向前摆越，同时肩稍向右后移，重心移回。左腿向右腿并拢，左手再握杠身体成后撑。

教学规格：直腿摆越不碰杠，成后撑时两臂和身体伸直。

保护与帮助：保护者站在杠前右侧，左手扶练习者右臂，右手托其右腿。

教学方法：①在横箱（马）上练习。②在同伴或教师的帮助下完成动作。

15.骑撑单腿摆越转体180°成正撑

动作要领：由右腿骑撑两手正握杠开始。右手换成翻握杠，左手上举做亮相动作，接着身体重心移至右臂，上体稍向右后倒。以右臂为轴同时展髋向右转体180°，用上体带动左腿后举越杠，左手握杠成支撑。

教学规格：转体时保持直腿挺身，动作连贯、平稳。

保护与帮助：保护者站在杠前正面，两手抓住练习者右脚，固定高度帮助练习者转体。

教学方法：①在杠上练习。②在同伴或教师的保护帮助下完成动作。

16.骑撑单腿前摆越转体90°下

动作要领：由右腿骑撑两手正握杠开始。两手换成翻握杠，上体向右侧倒，左手推离杠，重心移至右臂上，右腿压杠，两腿同时向左侧摆起。右臂顶肩支撑，以转头、转肩动作带动身体向右转体90°挺身落下。

教学规格：挺身转体两腿并拢时，小腿高度要接近杠面。

保护与帮助：保护者站在杠后右侧方，右手握练习者右臂，左手从杠下托练习者的右大腿帮助其挺身下落。

教学方法：①在横箱（马）或鞍马上做骑撑转体90°下动作练习。②在同伴或教师的帮助下进行动作练习。

二、双杠规定动作技术与教法

双杠是学校体操教学的重要内容，也是竞技体操比赛中的主要项目之一。双杠动作纷繁复杂、变化多样，包括各种摆动、摆越、悬垂、滚翻、转体、屈伸等，动作有易有难，可选择的余地较大，是广大学生十分喜爱的运动项目。

从双杠动作的技术特征来看，可分为静力性动作和动力性动作两大类。静力性动作包括支撑、骑撑、肩倒立、手倒立等；动力性动作包括支撑摆动、挂臂撑摆动、屈体悬垂、滚翻、转体、前摆上、后摆上、空翻等。

双杠动作具有较高的锻炼价值，经常进行双杠动作的练习，能够有效提升和发展上肢、躯干、肩带、腹背等部位肌肉力量，对提高练习者对肢体的控制能力、动作协调能力、身体平衡能力等也具有显著作用。双杠锻炼可以是单个动作练习，也可以是多个动作组合练习，组合动作可以是多个动力性动作组合，也可以是静力性动作与动力性动作组合，通过合理、巧妙地编排，动作有静有动、节奏变化多样，以利于更好地锻炼身体。同时，通过双杠动作的练习，还能够培养学生勇敢、顽强、果断、坚韧不拔、勇于克服困难的意志品质和思想意识。

双杠教学要遵循科学安排、循序渐进的原则，要善于把技巧、单杠等练习中的相似或同一类别的动作进行整合，在重视身体素质提升的基础上，先安排基本动作、基础动作的学习，再递进式地进行有一定难度动作的学习，要重视保护与帮助学生。例如，在教学进度安排上，可先安排基本的支撑、支撑移动、支撑摆动、支撑摆动的各种下法、挂臂撑、挂臂撑摆动、挂臂撑摆动的各种上法、滚杠、滚翻，再安排倒立、转体、摆越、屈伸等动作的学习，通过基础基本动作的学习，在提升学生基本身体素质、体操意识、身体控制等基本能力的基础上，逐渐提升动作难度，促进学生力量、柔韧、灵敏、协调等基本素质，以及控制、平衡、爆发等能力的不断提高。

（一）支撑动作

1.支撑前进

动作要领：由杠端站立开始，两手前握杠，跳起撑杠成支撑状态。右手前移握杠，身体倾斜，然后左手依次前移握杠。用相同方法，依次前移。

技术要点：手臂不可弯曲。

教学规格：手臂前移握杠身体直立。

保护与帮助：保护帮助者站在练习者一侧，用手握他的左手臂。

教学方法：练习支撑摆动。

教学中应注意的问题：加强基本姿态的训练，加强上肢力量练习。

2.支撑摆动

动作要领：前摆时，身体自然下摆，摆过垂直部位后，向前上方摆腿，尽量拉开肩角。后摆时，及时展髋远伸脚尖，身体自然下摆。摆过垂直部位后向后上方摆腿，身体伸直，随着后摆高度的变化，逐渐拉开肩角。

技术要点：①基本支撑姿势要正确，不要塌肩。②前摆过程中，下摆时肩部减少前倾要顶肩，上摆时，随着腿部向前上方运动，应拉开肩角，并向前跟肩。后摆时也要保持肩轴在握点上方。前、后摆均应过杠垂直部位后加速摆腿。

教学规格：前摆不低于水平面，后摆不低于45°。

保护与帮助：保护帮助者站在杠侧，一手握练习者上臂以稳固肩部，另一手在前摆时，托送其背或腰部，后摆时托送其腹部或大腿，帮助其含胸顶肩，拉开肩角，向前方送出和向后上方摆起。

教学方法：①注意培养正确的支撑姿势。②摆动幅度由小变大。

教学中应注意的问题：加强基本姿态的训练。

3.支撑分腿坐前进

动作要领：支撑前摆过杠面后，迅速分腿，以腿后部触杠成分腿坐。然后，身体挺直，两腿骑杠，上体前移，两臂经侧平举至体前稍远处用力撑杠，同时两腿伸直压杠后摆并腿进杠，接着支撑前摆成分腿坐。

技术要点：①前摆成分腿坐时尽量靠近两手。②后摆进杠时，两腿应伸直压杠。

教学规格：动作连贯，两腿始终伸直。

保护与帮助：保护帮助者站在杠侧，一手托其膝上部，另一手从杠下托肩，帮助提臀屈体，提高重心。当臀部移至垂直部位时，两手换至杠下托其背和腰部，帮助前滚成分腿坐。

教学方法：可在帮助下完成，帮助者站在侧面，前摆时托其臀部，送至分腿坐，进杠时一手扶其上臂，另一手托膝，帮助并腿进杠。

教学中应注意的问题：加强基本姿态的训练。

（二）挂臂动作

1.挂臂屈伸上分腿支撑

动作要领：由挂臂摆动开始，前摆成臂部高出杠面的屈体挂臂撑，然后猛力向前上方伸髋，随后制动腿，同时两臂用力压杠，急振上体跟肩上同时双腿分开落于两杠上端成支撑。

技术要点：①屈伸技术要求：脚尖走最远路线，髋关节先伸展后弯曲，折体要充分且富有弹性，然后朝前上方迅猛蹬伸及时制动。②制动的同时两臂有力地朝后下方压杠、振上体，梗头起肩。

教学规格：上成支撑时直臂，臀部不低于肘。

保护与帮助：保护帮助者站在杠侧，一手扶其上臂，另一手托其背部帮助上成支撑。

教学方法：①垫上模仿练习。②先学挂臂屈伸上。③在帮助者帮助下做完整动作，保护者一手托背，另一手托腿帮助上成支撑。

教学中应注意的问题：加强基本姿态的训练。

2.挂臂屈伸上

动作要领：由挂臂摆动开始，前摆成臂部高出杠面的屈体挂臂撑，然后猛力向前上方伸髋，随后制动腿，同时两臂用力压杠，急振上体跟肩上成支撑。

技术要点：①屈伸技术要求：脚尖走最远路线，髋关节先伸展后弯曲，折体要充分且富有弹性，然后朝前上方迅速猛伸及时制动。②制动的同时两臂有力朝后下方压杠、振上体，梗头起肩。

教学规格：上成支撑时直臂，臀部不低于肘。

保护与帮助：保护者站于练习者侧面，一手握其上臂，另一手由杠下托背部，帮助成支撑。动作完成后，托背部的手迅速收回，以免影响腿的后摆。

教学方法：①垫上模仿练习。②先学挂臂屈伸上成分腿坐。③在帮助下做完整动作，保护者一手托背，另一手托腿帮助上成支撑。

教学中应注意的问题：加强基本姿态的训练。

3.挂臂前摆上

动作要点：由挂臂后摆至极点开始，当身体下摆接近垂直部位时，要留腿，达垂直部位后，猛力向前上方摆腿，当腿摆出杠面时，急速前伸制动腿，同时两臂用力压杠，梗头，上体急振起肩，上成较舒展的支撑部位。

技术要点：①上摆接近杠面时要有用力制动腿的动作。借助由此产生的下肢至上体的动量传递，及时有力地压杠、振胸、梗头、跟肩。②上支撑时肩轴要积极向前上方移动，这样后摆才能充分有力。

教学规格：上成支撑时，髋高于肘。

保护与帮助：保护者站在练习者的侧面，从杠下一手托其背部或臀部，另一手托腿。

教学方法：①先掌握正确的挂臂摆动技术。②通过摆臂撑摆动增强肩带肌的压杠力量。有效的专门练习：第一，练习者仰卧挂臂撑两腿撑杠（或并腿撑在杠水平面的另外支撑物上），先挺腹，然后快速屈体并向后下方压杠上成支撑。每组重复3～5次。第二，挂臂摆动上成分腿坐，注意肩离杠后再分腿。以上练习都可有效体会制动腿和压杠动作。③保护帮助方法：保护者一手托背，另一手托大腿帮助前摆上至支撑。

教学中应注意的问题：加强基本姿态的训练。

4.挂臂后摆上

动作要领：由屈体挂臂撑开始，两腿向前上方远伸，髋关节展开，臀部远送，同时两手拉杠，使肩前移接近握点，身体由前向后摆。当身体接近杠下垂直部位时，髋关节稍屈，肩稍下沉，经过杠下垂直部位后，用力向后上方摆腿展髋。两腿摆过杠面后，两臂用力压杠，同时含胸，肩稍前移，推直两臂成支撑，两腿继续上摆。

技术要点：①两腿向前上方远伸前摆时，必须使肩前移接近握点。②身体在后摆过杠下垂直面后用力向后上方摆腿。③后摆与压杠要配合协调。

教学规格：直臂上成支撑时，臀部不低于肩水平面。

保护与帮助：保护帮助者站在练习者的侧面，当练习者做屈体挂臂撑，两腿和臀部向前上方弧形摆出时，一手在杠下托其肩，另一手托腰背，向前上方送出；后摆时，托送其腹部帮助成支撑。

教学方法：①反复练习挂臂撑摆动。②做屈体挂臂撑，伸腿送臀和拉杠引肩接近握点的练习。③在前高后低的倾斜双杠上做后摆上。④做屈臂撑向后摆动，两臂推直成支撑。

教学中应注意的问题：加强基本姿态的训练。

（三）混合动作

1.杠端短振屈伸上

动作要领：由杠端向内两手内握站立开始，向后上方跳起收腹举腿成屈体悬垂弧形前摆，当摆动杠下垂直部位后，臀部向前上方送出增大肩角，接近极点时，顺势伸髋，随着身体向后回摆，髋关节尽量弯曲，肩后摆过垂直部位后，向前上方伸髋，同时直臂压杠，上成支撑。

技术要点：①跳起屈体悬垂摆动，身体要折拢才能有较大的弧形摆动幅度。②屈体向后回摆，两腿贴近面部。③一定要在回摆过垂直部位后，借上摆之势伸髋压杠。

教学规格：上至支撑时臀部高于杠面。

保护与帮助：保护帮助者站在练习者的侧面，当练习者跳起后倒成屈体悬垂摆动时，顺势一手托其肩，另一手托送腿。当做屈伸上时，一手托送其肩部，另一手托送臀部。

教学方法：反复练习，熟练掌握杠端跳起屈体悬垂弧形摆动及摆动中髋关节的自然伸屈动作。保护者一手托背，另一手托臀，帮助完成动作。

教学中应注意的问题：加强基本姿态的训练。

2.杠中长振屈伸上

动作要领：杠中正立向前上方挺身跳起，两臂前摆握杠，屈髋悬垂前摆，过杠下垂直部位后，两脚继续前伸，髋关节自然展开，当接近前摆极点时，身体充分伸展。接着迅速屈收腿逐渐贴紧上体，向前上方伸髋，两臂用力向后方下压，上体向上急振，跟肩、梗头，直臂上成支撑。

技术要点：①直角悬垂前摆，含胸，梗头，将结束时身体应尽量伸展。②屈体悬垂回摆要自然及时，至垂直部位时折体充分。③腿压杠振上体，动作有力，协调配合，方向准确。

教学规格：上至支撑，臀部在杠水平面以上。随着掌握屈伸技术，逐渐增高伸髋送腿方向。

保护与帮助：保护者站在练习者的侧方，当练习者收腹举腿时，一手托背，另一手举腿，顺势向前上方快速托送，帮助上成支撑。

教学方法：①可先在杠端面向内练习跑动成屈体悬垂屈伸上。②直角悬垂摆动可在低单杠上练习。③保护者一手托背，另一手托臀，帮助练习者完成。

教学中应注意的问题：加强基本姿态的训练。

3.滚杠

动作要领：由分腿坐开始，左手于腿前30厘米处正握左杠，右手在左手后，臂旋外翻握杠，上体左前倒低头，右肩位于左前杠下，左腿上举，以腰骶部滚杠；同时分腿向左转体180°，经分腿俯撑两臂推起成分腿坐。

技术要点：①握杠方法要正确。②应用腰骶部滚杠。

教学规格：动作连贯，两腿有一定开度。

保护与帮助：保护帮助者站在杠左侧，一手杠下托其肩，另一手杠上托拨大腿；或是两人相互帮助，右侧人握其大腿，帮助翻转。

教学方法：①练习手握杠方法。②帮助下慢做动作。帮助者站于左前侧，两手托其背，帮助翻转。③注意控制腰骶部负担量，初学者一次练习次数不宜过多。

教学中应注意的问题：加强基本姿态的训练。

4.支撑后摆转体180°成分腿坐

动作要领：由支撑后摆开始，当腿摆过杠面后，含胸顶肩，以足尖带动髋部向右转体180°，同时两手换握成分腿坐。

技术要点：①后摆不要塌腰挺胸。②后摆超过杠面才转体分腿。

教学规格：初学者可先转体分腿坐后再换握，逐渐过渡到边换握边转体。应做到：左手换撑右杠后身体仍在肩水平面以上，右手换撑左杠后，再分腿下落成分腿坐。

保护与帮助：保护帮助者站在练习者转体一侧，当练习者两腿摆动杠面后，两手顺势搓送其髋部，帮助完成转体成分腿坐。

教学方法：①在地上画出与杠距等宽的两条平行线，手撑于平行线上仰撑，移重心依次换握转体180°成俯撑。②在杠上练习，保护者托送其髋部帮助转体。

5.支撑摆动前摆挺身下

动作要领：由支撑摆动开始，当身体前摆垂直部位后，迅速向前上方摆腿，同时身体向左移动，当摆至最高点时，向下压腿展髋，同时用力顶肩推杠，挺身跳下侧立。

技术要点：①摆过垂直部位后就要加速摆腿。②压腿展髋和顶肩推手立上体要协调配合。③屈髋举腿时要顶肩前移。

教学规格：初学者臀部可摆至水平高度即挺身推手，推手后右手可换撑左杠。高规格动作：上摆尽量拉开肩角，臀部上翻至极点再挺身推杠，推手后右手不再撑左杠，腾空挺身落地。

保护与帮助：保护帮助者站在练习者落地点同侧，左手握其左上臂，右手从杠上托其背或臀部，帮助出杠。

教学方法：①反复练习支撑前摆屈髋高举腿。②在帮助下做完整动作，保护者站在杠侧，一手握住手臂，另一手托臀帮助出杠。

教学中应注意的问题：加强基本姿态的训练。

6.支持摆动前摆转体180°挺身下

动作要点：由支撑后摆开始，身体前摆过杠下垂直位时两腿加速向前上方摆起，收腹稍屈髋，并两臂侧顶重心开始右移，当前摆至将近极点时右臂顶肩推离杠，接着以脚尖带动髋部和上体向内转体180°，同时边转边展髋挺身，两臂依次推离杠，接着右手换握右杠落下。

技术要点：①以脚尖带动转髋转体，边转体边展髋。②转体的主动力是由脚尖带动腰部的扭紧而促使上体转体180°。

保护与帮助：保护帮助者站在练习者下杠一侧，一手托其腰部，另一手在其转体时扶其髋部顺势推搓以帮助其转体下。

教学方法：①支撑前摆向内转体90°，要求在极点前以脚尖带动转髋转体。②在他人帮助下完成支撑前摆向内转体180°，要求由较低的支撑前摆向内转体180°，过渡至较高的支撑前摆向内转体180°下。③转体的主动力是由脚尖带动腰部的扭紧而促使上体转体180°。

教学中应注意的问题：加强基本姿态的训练。

7.俯撑单腿侧摆转体90°分腿坐

动作要领：由左大腿后部侧向坐杠，右腿前举开始，右腿后摆同时转体，左腿转动经大腿前部撑杠，经左腿撑杠的正撑过程，体重移至两臂上，肩前移。当右腿摆出杠面时，右手推开杠再转体90°，同时左腿压杠后从右腿下面摆越两杠成分腿坐，右手最后撑杠。

技术要点：①右腿后摆充分。②右腿的摆动、左腿的摆越及转体配合要协调。

教学规格：右腿后摆充分，在杠上完成摆越和转体。

保护与帮助：保护帮助者站在练习者右侧方，左手握他的左上臂，右手托腿帮助其转体摆腿。

教学方法：①在地上俯撑或杠上支撑，后摆转体180°成分腿坐。②从左腿撑杠的正撑开始，右腿左右摆动，当右腿摆出杠面后，立即推右手，转体90°成分腿坐。

教学中应注意的问题：加强基本姿态的训练。

8.俯撑单腿侧摆转体90°成支撑摆动

动作要领：由左大腿后部侧向坐杠，右腿前举开始，右腿后摆同时转体，左腿转动经大腿前部撑杠，经左腿撑杠的正撑过程，体重移至两臂上，肩前移。当右腿摆出杠面时，右手推开杠再转体90°，同时左腿压杠后从右腿下面摆越两杠双腿并拢成支撑前后摆动。

技术要点：①右腿后摆充分。②右腿的摆动、左腿的摆越及转体配合要协调。

教学规格：右腿后摆充分，在杠上完成摆越和转体。

保护与帮助：保护帮助者站在练习者右侧方，左手握他的左上臂，右手托腿帮助其转体摆腿。

教学方法：①在地上俯撑或杠上支撑，后摆转体180°成分腿坐。②从左腿撑杠的正撑开始，右腿左右摆动，当右腿摆出杠面后，立即推右手，转体90°成支撑摆动。

教学中应注意的问题：加强基本姿态的训练。

9.支撑摆动外侧坐越两杠

动作要点：由支撑开始，向前上方摆动，然后左（右）大腿外侧坐杠，屈小腿向后下伸，右（左）腿向后下方伸直，使左（右）小腿和右（左）腿在后下方平行，左（右）手撑杠，右（左）臂侧举，两眼平视，上体挺直。

技术要点：①支撑前摆时肩不要后倒。②前摆至臀部过杠面后，做外侧动作。

教学规格：前摆时两肩拉开两腿向前上摆起，不低于水平面，外侧坐时外侧腿尽量后伸。

保护与帮助：保护与帮助者站在杠外练习者的左侧，前摆时托其臀部，送至外侧坐。

教学方法：①练习跳上支撑两腿前摆，要求两手于体前握杠，跳起直臂支撑两腿顺势前摆出杠。②在他人帮助下完成跳上支撑前摆成分腿坐，要求两腿出杠后左臂向右顶肩，使重心右移，两腿有控制地落下，臀部坐右杠。

教学中应注意的问题：加强基本姿态的训练。

10.前滚翻成分腿坐

动作要领：以肩或上臂撑杠，两腿并拢，重心前移。身体重心向前移至稍过肩垂直部位时，两手迅速向前换握杠经屈体挂臂撑，当臀部接近杠水平面时，两腿分开内侧压杠，两臂用力撑杠，上体前跟，成分腿坐。

技术要点：①滚翻两手换握时应做到放手迟，握杠早。②经屈体挂臂撑后，应立即顺势伸髋分腿，下压跟肩成分腿坐。

教学规格：滚翻圆滑、连贯，换握时臀部位高，有并腿过程。

保护与帮助：保护帮助者站在杠侧，一手托膝上部，另一手从杠下托肩，帮助其提臀屈体，提高重心。当臀部移至垂直部位时，两手换至杠下托其背和腰部，帮助其前滚成分腿坐。

教学方法：①在低双杠上练习提重心和肩触杠肘外展动作。②在垫子上做屈体立撑成分腿坐。体会臀部在较高部位时，换握和伸髋分腿下压、上体上跟的动作。③在低双杠下放置一个低于杠面的山羊或跳箱，杠上前上方放一块垫子，练习者屈体站于山羊或跳箱一端，屈臂外展两肘，两肩撑杠，脚蹬山羊或跳箱做前滚翻成分腿坐垫子上的练习或做分腿坐前滚翻成分腿坐练习。

教学中应注意的问题：加强基本姿态的训练。

11.前摆成分腿坐

动作要领：由支撑摆动开始，身体摆过垂直部位后稍屈髋，迅速向前上方踢腿，同时直臂向后顶肩、梗头，拉开肩角。前摆超过杠面后双腿迅速分开，以大腿内侧坐于杠面。

技术规格：直臂支撑，臀部不低于杠水平面。

保护与帮助：保护帮助者站在练习者的左侧方，左手扶其左上臂稳定肩部。当摆出时用右手托腰，帮助其上摆。

教学方法：①反复练习支撑摆动。②前摆最高点积极分腿。

教学中应注意的问题：加强基本姿态的训练。

动作要领：支撑后摆过水平面上约45°，肩前移屈臂，当肩部触杠时，两肘张开，同时抬头、紧腰，身体伸直成肩倒立。

技术要点：①摆动要舒展，没有突然加速动作。②成肩倒立时要抬头、分肘，防止下落。肩前移、屈臂、后摆应协调配合。

教学规格：要求后摆超过水平45°，屈肘，慢慢落下成肩倒立。不能做成用力动作。

保护与帮助：保护者一手托其胸，另一手扶其背，帮助其成倒立和防止“漏肩”下落。

教学方法：①慢起手倒立练习。②加强保护，防止发生伤害事故。

教学中应注意的问题：加强基本姿态的训练。

12.肩倒立侧翻下

动作要领：由肩倒立开始，足尖侧倒带动身体顺势向右（左）侧移重心，接着左（右）手推杠，同时右（左）肩部顶杠，侧翻下成侧立。

技术要点：侧翻过程中身体和头部应保持一定强度，足尖应远伸。

教学规格：侧翻时，身体要保持伸直姿势。

保护与帮助：保护者站在练习者的右（左）侧前方，当练习者向侧翻下时两手扶其腰的两侧，防止前后偏斜。

教学方法：①应先掌握肩倒立的技术。②可先在低双杠上练习，然后再上高双杠。

教学中应注意的问题：加强基本姿态的训练。

13.慢起肩倒立

动作要领：由分腿坐开始，两手于腿前撑杠，上体前倒，屈臂、提臀、屈体，两肩在手前20~30厘米处顶杠，两肘外展。当臀部提至垂直部位时，伸展髋关节，两腿匀速由两侧上举并拢，抬头、紧腰，身体伸直成肩倒立。

技术要点：①两手靠近大腿内侧握杠，分腿坐起倒立时，肘稍内夹，含胸提臀要充分。②成肩倒立时，要抬头、紧腰，两肘保持外展。

教学规格：起倒立时，保持匀速；成倒立时，身体要直。

保护与帮助：保护帮助者站在杠外练习者的侧前方，一手从杠下托肩，防止漏肩。另一手托其大腿，帮助提高身体重心；或两人保护帮助，另一人站在杠内，两手扶其髋部起倒立。

教学方法：①在垫上做分腿立撑慢起头手倒立。②在倒立架上给予助力做分腿慢起肩倒立。③在双杠下放横马，低于杠面，杠上前方放垫子，练习者两脚分别站在杠外马面上成分腿屈体站立，肩臂顶住杠，两脚稍蹬马做分腿慢起肩倒立。

教学中应注意的问题：反复练习并在帮助下完成动作。

三、支撑跳跃动作技术与教法

跳跃动作是中小学体育教学的主要内容，跳跃动作分为一般跳跃和支撑跳跃两大类。一般跳跃有跳上、跳下、跳跃障碍等动作，这些动作是支撑跳跃的基础。

支撑跳跃动作由助跑、上板、踏跳、第一腾空、推手、第二腾空、落地七个技术环节构成。其动作高、飘、远、美、稳，这也是评定整个支撑跳跃动作质量的主要环节。从支撑跳跃动作技术结构分析，可分为正腾跃、侧腾跃和翻转腾跃。

跳跃的特点是通过腿和手臂短促有力作用于器械，使人体在短暂腾空时间里做出各种不同形式的动作。经常从事跳跃动作练习，能够全面提高人体运动器官、血液循环器官、呼吸器官及前庭分析器官的功能；对增强练习者下肢、腰腹、肩带肌和上肢肌群的爆发力有显著作用；对发展练习者的空间定向判断能力和身体平衡的控制能力有着积极的影响；对培养练习者勇敢、顽强、果断的意志品质和跨越障碍的实用技能起到积极的促进作用。

支撑跳跃的跳马是竞技体操比赛的项目之一。跳马动作技术从最初的水平腾跃类到前手翻、前空翻，发展至侧手翻空翻类、踺子后手翻、空翻类，再到前手翻前空翻转体类等许多高难动作，难度要求逐渐提升。

支撑跳跃动作形式多样，技术各环节衔接紧密，完成动作时间短暂，对动作学习要求较高。在教学中要抓住主要环节，多运用辅助练习、诱导练习、保护与帮助等方法，教学设计严谨，层次合理，加强心理训练和安全教育，才能顺利完成教学任务。

（一）一般跳跃基本技术与教法

1.挺身跳（弹跳板）

动作要领：①轻松助跑“单跳双落”上板，两腿向下蹬板同时两臂积极向前上方摆动，使身体向上高高腾起。②紧腰、梗头。接近最高点时挺身亮相，然后控制身体平衡落地。

技术要点：①助跑上板练习，要求动作协调，起跳有力。②垫上练习和由高向低挺身跳下练习，要求身体充分伸展。③弹跳板上连续起跳接挺身下，要求动作连贯，保持身体的准确姿势。④加大踏板的作用力以获得更大的支撑反作用力，有利于增加腾空高度，从而使身体充分伸展。

教学规格：起跳时紧腰，梗头上顶，两臂积极上摆，腾空至最高点时充分伸展挺身，落地时屈膝缓冲。

保护与帮助：保护与帮助者站在杠前侧方，一手托其腰，另一手托其肩，当腹部靠杠时，换成一手托其肩，另一手托其腿。

教学中应注意的问题：注意“单跳双落”上板，动作要协调、连贯。

2.屈腿屈伸跳

动作要领：

①用力摆臂起肩和充分蹬伸相结合使身体高高向上之后伸直跳起。

②接近最高点时用力收腹屈腿上提，两手抱膝团身，随即迅速伸腿展体落地。

技术要点：①仰卧于垫上做收伸腿练习，要求团身紧，收伸腿快。②一人在练习者身后扶腰帮助其向上跳起完成团身跳练习，要求收腿快，团身紧。③由高位置向低处做团身，接着伸腿跳下，要求团身紧，展体快。④适当增加起跑初速度，加大腾起角，以增加垂直高度。

教学规格：起跳有力，腾空降至最高点时要固定上体，同时迅速屈膝上提、抱腿。伸展时，两臂要积极上举，头部上顶，同时两腿用力下伸。

保护与帮助：保护与帮助者站在弹跳板前，练习者落点一侧。两手前挡后扶，维持身体平衡，防止前后跌倒。

教学中应注意的问题：腾空降至最高点时要固定上体，同时要求团身紧，展体快。

3.屈体屈身跳

动作要领：①用力摆臂起肩和充分蹬伸相结合，使身体高高向上之后伸直跳起。②接近最高点时用力收腹，两腿伸直上提，两手前伸触脚，随即迅速屈膝缓冲落地。

技术要点：①仰卧于垫上做收伸腿练习，收伸腿快。②一人在练习者身后扶腰帮助其向上跳起完成屈体跳练习，要求收伸腿快。③适当增加起跑初速度，加大腾起角，以增加垂直高度。

教学规格：起跳有力，腾空降至最高点时要固定上体，同时迅速将两腿伸直上提、抱腿。伸展时，两臂要积极上举，头部上顶，同时两腿用力上伸。

保护与帮助：保护与帮助者站在弹跳板前，练习者落点一侧。两手前挡后扶，维持身体平衡，防止前后跌倒。

教学方法：①要加强两腿力量练习，起跳迅速有力。②空中屈体收腹动作规范。

教学中应注意的问题：腾空降至最高点时要固定上体，同时要求屈体规范，伸展到位。

4.分腿屈身跳

动作要领：①用力摆臂起肩和充分蹬伸相结合，使身体高高向上之后伸直跳起。②接近最高点时用力收腹，两腿伸直分腿上提，两手前伸触脚，随即迅速并腿屈膝缓冲落地。

技术要点：①仰卧于垫上做收伸腿练习，要求收伸腿快。②一人在练习者身后扶腰帮助其向上跳起完成屈体分腿跳练习，要求收伸腿快。③适当增加起跑初速度，加大腾起角，以增加垂直高度。

教学规格：起跳有力，腾空降至最高点时要固定上体，同时迅速将两腿分开伸直上提、两手触脚。伸展时，两臂要积极上举，头部上顶，同时两腿用力上伸。

保护与帮助：保护与帮助者站在弹跳板前，练习者落点一侧。两手前挡后扶，维持身体平衡，防止前后跌倒。

教学方法：①要加强两腿力量练习，起跳迅速有力。②空中屈体收腹动作规范。③空中分腿屈身有节奏。

教学中应注意的问题：腾空降至最高点时要固定上体，同时要求屈身分腿规范，伸展到位。

5.起跳垂直转体90°

动作要领：垂直向上充分起跳后身体保持紧腰、伸直，利于头、臂、肩向转体一侧带动身体沿纵轴转动。如果是向左转体，则左臂上举、右臂伸向左腋。转体接近90°时，两臂向前上方伸展制动，然后平稳落地。

技术要点：①垫上原地练习。要求身体直，转体方向正。②由高位置向低处做跳转90°下。要求腾空高，身体直，转体方向正。

教学规格：助跑有节奏，起跳有力，同时一手上举身体垂直控制平衡，随即屈膝缓冲落地。

保护与帮助：保护者站在练习者转体方向同侧的落点处，两手前挡后扶，维持其身体平衡。

教学方法：①三人一组，两人保护，一人练习。②在踏板或垫子上起跳要迅速有力。③空中旋转时，身体竖直绷紧，控制身体。

教学中应注意的问题：应注意对其自身平衡感知能力的练习，并加强腰部的力量练习，更好地控制身体。

6.起跳垂直转体180°

动作要领：垂直向上充分起跳后身体保持紧腰、伸直，利于头、臂、肩向转体一侧带动身体沿纵轴转动。如果是向左转体，则左臂上举，右臂伸向左腋。转体接近180°时，两臂向前上方伸展制动，然后平稳落地。

技术要点：①垫上原地练习。要求身体直，转体方向正。②由高位置向低处做跳转180°下。要求腾空高，身体直，转体方向正。③加大腾起角以增加垂直高度，便于转体。

教学规格：助跑有节奏，起跳有力，同时一手上举身体垂直控制平衡，随即屈膝缓冲落地。

保护与帮助：保护者站在练习者转体方向同侧的落点处，两手前挡后扶，维持其身体平衡。

教学方法：①三人一组，两人保护，一人练习。②在踏板或垫子上起跳要迅速有力。③空中旋转时，身体竖直绷紧，控制身体。

教学中应注意的问题：应注意对其自身平衡感知能力的练习，并加强腰部的力量练习，更好地控制身体。

7.起跳垂直转体360°

动作要领：垂直向上充分起跳后身体保持紧腰、伸直，利于头、臂、肩向转体一侧带动身体沿纵轴转动。如果是向左转体，则左臂上举，右臂伸向左腋。转体接近360°时，两臂向前上方伸展制动，然后平稳落地。

技术要点：①垫上原地练习。要求身体直，转体方向正。②由高位置向低处做跳转360°下。要求腾空高，身体直，转体方向正。

教学规格：助跑有节奏，起跳有力，同时一手上举身体垂直控制平衡，随即屈膝缓冲落地。

保护与帮助：保护者站在练习者转体方向同侧的落点处，两手前挡后扶，维持其身体平衡。

教学方法：①三人一组，两人保护，一人练习。②在踏板或垫子上起跳要迅速有力。③空中旋转时，身体竖直绷紧，控制身体。

教学中应注意的问题：应注意对其自身平衡感知能力的练习，并加强腰部的力量练习，更好地控制身体。

（二）支撑跳跃基本技术与教法

1.跳上成蹲撑

动作要领：3～5步助跑起跳，两臂同时迅速前摆，含胸，头稍低，撑器械时提腰，屈膝靠胸，前脚掌踏在器械上成蹲撑。

技术要点：起跳后两臂及时撑马，用力顶肩，同时稍含胸提臀，屈膝上提成蹲撑。

教学规格：助跑有节奏，起跳有力，同时双手撑马。

保护与帮助：①保护与帮助者站在器械正前方，当练习者跳上成蹲撑时两手顶其肩部。②保护与帮助者站在器械前侧，一手扶着练习者上臂，另一手托其大腿后部帮助其成蹲撑。

教学方法：①由垫上俯撑，蹬地迅速提腰、收腹、屈腿成蹲撑。②在鞍马上或横马上练习。要求收腹快，团身紧。

教学中应注意的问题：应注意对其自身平衡感知能力的练习，加强身体姿态的练习。

2.跳上成分腿坐撑

动作要领：3～5步助跑起跳，两臂同时迅速前摆，含胸，头稍低，撑器械时提腰，屈膝靠胸，双腿分开伸直在器械上成坐撑。

技术要点：起跳后两臂及时撑马，用力顶肩，同时稍含胸提臀，及时分腿成坐撑。

教学规格：助跑有节奏，起跳有力，同时双手撑马双腿及时分开成坐撑。

保护与帮助：①保护与帮助者站在器械正前方，当练习者跳上成坐撑时两手顶其肩部。②保护与帮助者站在器械前侧，一手扶着练习者上臂，另一手托其大腿后部帮助其成坐撑。

教学方法：①由垫上俯撑，蹬地迅速提腰、收腹、直腿成坐撑。②在鞍马上或纵马上练习。要求收腹快，身体紧凑。

教学中应注意的问题：注意加强腰腹力量练习，更好地控制身体，注意腾空分腿节奏协调。

3.跳上成跪撑

动作要领：①助跑上板起跳后，迅速向前含胸摆臂撑器械，紧腰屈膝成跪撑。②两臂推离器械，同时抬上体，臂后摆，两臂由后向前摆至垂面时，小腿积极下压器械，两臂用力上摆使身体向前上方腾起。③在空中经跪姿，抬头挺身，伸腿落地。

技术要点：①起跳后两臂及时撑马，用力顶肩，防止前冲，同时含胸提臀，屈膝上提成蹲撑。②蹬离器械时，头要上顶，两臂配合向前上方摆。

教学规格：需有短暂的跪撑过程，空中展体要充分。

保护与帮助：①帮助者站在器械正前方，当练习者跳上成跪撑时两手顶其肩部。②帮助者站在器械前侧，一手扶顶其上臂，另一手托大腿后部帮助其成跪撑。③练习者跳下时两手挡扶其腹、背部，防止练习者跌倒。

教学中应注意的问题：及时撑马，用力顶肩。要有短暂的跪撑过程，空中展体要充分。

4.侧腾跃

动作要领：①短距离助跑后两脚用力踏跳，两臂迅速前摆含胸撑器械，屈髋、提臀，带动双腿向左侧上方摆起。②左手推离器械侧举，重心移至右臂，同时两腿向侧伸髋，经右手单臂支撑展体挺身，越过器械之后落地。

技术要点：①起跳点应稍靠向右侧。②起跳后支撑要快，含胸、提臀、侧摆要协调，以脚面带动身体向左侧上方伸髋。③右臂要用力推离，并顺势侧举，使之经右臂侧撑的挺身姿势腾跃。

教学规格：①两脚用力踏跳。②起跳的支撑要快，侧摆要协调。③右臂用力推离，挺身充分。

保护与帮助：保护帮助者站在器械前或后的右侧，当练习者撑器械时，右手握其右臂，左手托送其右髋，顺势帮助侧摆越挺身下。

教学中应注意的问题：加强保护和帮助，防止练习者跌落地面。

5.纵马前滚翻

动作要领：①有节奏短距离助跑踏跳，保持稍屈髋姿势含胸摆臂起跳，同时远看器械近端。②两手主动撑马近端两侧，提臀、屈臂、低头、紧腰屈体做前滚翻。③当滚至器械远端臀部接触器械时，用力压大腿、抬上体离开器械伸展落地。

技术要点：①起跳后要含胸、提腰，使前滚翻头部高于肩部，翻滚动作要圆滑。②当翻滚臀部至马时，上体将至垂直位时大腿用力压马使之离马伸展落地。

教学规格：起跳时含胸摆臂，提臀、屈臂、低头、紧腰屈体做前滚翻，动作要圆滑、规范。

保护与帮助：保护帮助者站在器械近端一侧，当练习者跳起后，一手托肩，另一手托送大腿，帮助维持平衡及顺势翻转，并向前跟进保护其落地。

教学中应注意的问题：加强身体素质的训练，尤其是上肢力量的训练；加强基本技术的练习。

6.山羊屈腿腾越

动作要领：①有节奏地逐渐加速助跑，单跳双落，积极摆臂踏跳。②含胸、紧腰，两臂主动前伸，向下撑山羊并用力快速顶肩推手，同时稍提臀，两腿收腿前伸，有意识下压制动。③两臂顺势上举、起肩、挺身，接着迅速并腿前伸落地。

技术要点：①起跳后两臂迅速前伸，含胸、撑山羊。②用力顶肩推手，在肩过垂直面前完成推手和制动下肢动作，推手和屈腿同步进行。③腾空后要主动侧上举臂，同时起肩、抬头、挺身展体，迅速并腿落地。

教学规格：推手时臀部与肩齐平，腿直，腾空展体明显。

保护与帮助：①帮助者站在山羊的正前方，当练习者撑山羊时，两手顶起肩并顺势握大臂上提，同时后退帮助其完成腾越动作。②帮助者站在练习者落地点侧方帮助其维持平衡。

教学方法：①横鞍马或高垫上跳成分腿立撑、接分腿挺身跳下。②山羊分腿腾越，山羊两侧分别由2个人各持一根竹竿用来延长山羊，并限制练习者分腿高度。③低山羊分腿腾越。

教学中应注意的问题：做动作要含胸、紧腰，动作要连贯、迅速。

7.山羊分腿腾越（1.20米）

动作要领：①有节奏地逐渐加速助跑，单跳双落，积极摆臂踏跳。②含胸、紧腰，两臂主动前伸，向下撑山羊并用力快速顶肩推手，同时稍提臀，两腿侧分，有意识下压制动。③两臂顺势上举、起肩、挺身，接着迅速并腿前伸落地。

技术要点：①起跳后两臂迅速前伸，含胸、撑山羊。②用力顶肩推手，在肩过垂直面前完成推手和制动下肢动作，推手和分腿同步进行。③腾空后要主动侧上举臂，同时起肩、抬头、挺身展体，迅速并腿落地。

教学规格：推手时臀部与肩齐平，腿直，腾空展体明显。

保护与帮助：①帮助者站在山羊的正前方，当练习者撑山羊时，两手顶起肩并顺势握大臂上提，同时后退帮助其完成腾越动作。②帮助者站在练习者落地点侧方帮助其维持平衡。

教学方法：①横鞍马或高垫上跳成分腿立撑、接分腿挺身跳下。②山羊分腿腾越，山羊两侧分别由2个人各持一根竹竿用来延长山羊，并限制练习者分腿高度。③低山羊分腿腾越。

教学中应注意的问题：做动作要含胸、紧腰，动作要连贯、迅速。

8.斜进直角腾跃

动作要领：

①纵器械左侧斜向左脚上板踏跳，同时上体稍后倾，挺胸立腰，右手撑器械右侧。②右腿带动髋部猛力向右前上方“踢”送，左腿踏跳迅速并右腿。③两腿

高举经直角支撑将至最高点时快速压大腿展体挺身，同时两手推离器械腾跃落地。

技术要点：①摆动腿上摆同时送髋，肩要稍后倾，并挺胸立腰。②空中并腿快，重心高，下压大腿积极，伸展和推手要同时进行。

教学规格：身体呈直角状态，达到最高点展髋挺身下。

保护与帮助：保护帮助者站在器械近端右侧，当练习者起跳后，右手握其上臂，左手托其腰部帮助腾跃。

教学中应注意的问题：空中并腿快，身体呈直角状态，达到最高点展髋挺身下。

9.横马分腿腾跃

动作要领：①有节奏地逐渐加速助跑，单跳双落，积极摆臂踏跳。②起跳后含胸紧腰，两腿后摆，两臂主动前伸，向下撑马并用力急骤顶肩推手，同时稍提臀，两腿侧分，有意识下压制动。③两臂顺势上举、起肩、抬上体挺身，迅速并腿前伸落地。

技术要点：起跳后两手迅速前伸，含胸紧腰撑马，当顶肩推手时迅速提臀分腿。

教学规格：积极摆臂踏跳，两臂主动前伸，顶肩推手要快速，下压制动，迅速并腿落地。

保护与帮助：保护帮助者站在横马的正前方，当练习者撑马时，两手握其臂顶其肩并迅速上提，同时后退帮助完成腾跃动作；保护帮助者也可站在横马前练习者落地一侧，一手握其上臂，另一手扶其腰帮助越过器械。

教学中应注意的问题：两臂主动前伸，向下撑马并用力急骤顶肩推手，有意识下压制动。

10.纵马分腿腾跃

动作要领：①基本上与横马分腿腾跃相同，只是纵马分腿腾跃在心理和技术上给练习者增加了难度。②技术上要延长助跑距离，加快水平速度。③起跳后，迅速向前上摆臂，拉开肩角，含胸，尽量撑马的远端。

技术要点：适当加快助跑的水平速度和加强制动性踏跳相结合，使起跳更加有力。起跳后要果断向前上含胸摆臂，向远端撑。

延伸学习：纵马屈腿腾跃、纵马屈体腾跃。

教学规格：技术上加快助跑速度，还要与制动性踏跳相结合。向上含胸摆臂要充分，尽量往远端撑。

保护与帮助：保护帮助者站在练习者落地一侧，落地时两手扶挡腹部帮助其维持平衡。

11.横马屈腿腾跃

动作要领：①有节奏地加速助跑积极踏跳，含胸、紧腰，两臂主动前伸撑马，用力向前下顶肩快速推手。②同时提臀、屈膝前引经蹲的姿势，迅速举起两臂，梗头、起肩、立腰、伸直两腿，展体落地。

技术要点：起跳后两臂积极前伸撑马，随即用力顶肩。推手时迅速提臀、屈膝向胸前引，接着迅速伸腿，收伸腿要迅速、连贯。

教学规格：顶肩推手要迅速，提臀屈膝要前引，梗头，起肩，立腰伸直要连贯。

保护与帮助：保护帮助者站在横马前一侧，当练习者撑马时，一手握其上臂，另一手托其腰部，帮助其越过器械。

第三节　健美操的技能与训练

一、头颈部动作训练

对于健美操运动来说，头颈部动作主要包括屈、转、环绕，这三项动作的训练方法如下。

（一）屈

1.动作解析

屈分为前屈、后屈、左侧屈、右侧屈。换句话说就是头部向前、后、左、右四个方向分别做颈部关节弯曲的运动。

2.习练要点

身体保持正直，以较慢的速度完成动作，充分伸展颈部肌肉。

（二）转

1.动作解析

转的动作形式包括左转和右转。习练者的头部应保持正直，然后沿身体垂直轴分别向左、右方向转动头颈部，转动幅度为90°。

2.习练要点

下颌保持平稳，避免出现上扬或者内凹的情况。

（三）环绕

1.动作解析

环绕包括左环绕和右环绕两种动作形式。习练者头部保持正直，沿身体垂直轴分别向左、右转动头颈部，转动幅度为360°。左环绕和右环绕动作相同，唯左右相反。

2.习练要点

匀速缓慢地转头，练习者要将环绕动作做到位，保证自己向后转头时头部后仰动作明显。

二、肩部动作训练

健美操肩部动作主要包括提肩、沉肩、绕肩三种动作形式，具体如下。

（一）提肩

1.动作解析

提肩包括单提肩和双提肩两种动作形式。习练者需要达到的要求是：上体正直不动，双脚左右开立，沿身体垂直轴向上提肩。

2.习练要点

习练者肩膀上提时用最大的力，身体保持不动，防止身体摆动。

（二）沉肩

1.动作解析

沉肩主要指的是双肩下沉。习练者上体应正直不动，双脚左右开立，沿身体垂直轴向下沉肩。

2.习练要点

习练者向下沉肩时要尽最大力身体保持不动，沉肩的同时尽最大努力朝上伸展头颈部。

（三）绕肩

1.动作解析

绕肩包括单肩环绕、双肩环绕两种动作形式。上体正直不动，双脚左右开立，肩部向上、下、前、后四个方向绕动。

2.习练要点

身体保持不动，尽量使绕动幅度达到最大，从而使肩部充分舒展。

三、上肢动作训练

（一）手型

1.掌

在健美操运动中，常见的掌的动作形式如下。

（1）并指掌

弯曲大拇指的指关节并内扣，并拢且伸直其余四指。伸直手腕，使手臂成一条水平直线。关节与掌指关节需要保持适度紧张，不可完全放松。

(2) 分指掌

用力分开五指，并伸直五指。

(3) 屈指掌

用力向上屈手掌，同时自然弯曲五指。

2.拳

在健美操运动中，拳包括实心拳和空心拳两种。

(1) 实心拳

用拇指将四指握住，中间不留空隙。

(2) 空心拳

用拇指将四指握住，中间留有明显的空隙。

3.其他手型

除了基本的掌和拳这两种手型外，西班牙舞手型、剑指、“V”指、响指等都被广泛应用于健美操运动中。

(1) 西班牙舞手型

分开五指，小指内旋，拇指稍微向掌心弯曲。

(2) 剑指

并拢食指和中指，并将这两个手指伸直，其余三指弯曲且内收。

(3) “V”指

伸直食指与中指，同时尽力分开这两个手指，其余三指弯曲。

(4) 响指

无名指与小指屈握，其余三指相互摩擦后，中指击打大鱼际处发出响声。

(二) 手臂动作

健美操运动中的手臂动作包括举、屈以及绕、绕环，具体如下。

1.举

(1) 动作解析

在健美操运动中习练者以肩关节为中心，手臂可以向前、后、两侧、侧上方、侧下方以及向上举，所以举作为一项手臂动作包括六种动作形式。

(2) 习练要点

习练者要把每个方向的动作都做到位，举的动作必须有一定的力度。

2.屈

(1) 动作解析

习练者手臂可以向不同的方向做“屈”的动作，这项动作就是通过肘关节从伸直到弯曲或从弯曲到伸直来完成的。

（2）习练要点

习练者屈伸关节时要有一定的弹性，避免屈伸过于僵硬。

3.绕、绕环

（1）动作解析

绕、绕环就是单臂或两臂以肩为轴做弧线运动，向内、外、前、后不同方向都可以做该手臂动作。

（2）习练要点

习练者在绕、绕环时，必须确保动作路线清晰，要对起始动作和结束动作的手臂位置有清楚的认识。

四、躯干动作训练

（一）胸部动作

1.含胸、挺胸

（1）动作解析

含胸时，头要低下，腹部收紧，收肩，保持背弓姿势，呼气；挺胸时，头抬起，胸部挺起，肩部外展，吸气。含胸、挺胸的动作变化形式有手臂胸前平屈含胸、手臂侧平举展胸。

（2）习练要点

含胸时，放松身体，但不可使身体彻底松懈坍塌；挺胸时，身体保持适度的紧张，但要防止身体过度僵硬。

2.移胸

（1）动作解析

移胸主要包括向左移胸和向右移胸两种动作形式。习练者上部应当保持不动，腰、腹部随着胸部朝左右两个方向移动。

（2）习练要点

习练者腰部与腹部带动胸部左右移动，完成动作时要尽量使幅度达到最大。

（二）腰部动作

1.屈

（1）动作解析

腰部向前、向后、向侧面做拉伸运动。向前的拉伸为前屈；向后的拉伸为后屈；向侧面的拉伸为侧屈。

（2）习练要点

习练者应充分伸展腰部，合理控制动作速度。

2.转

（1）动作解析

身体在腰部的带动下沿垂直轴向左右方向转动。腰部转动时可以与上下肢动作相结合。

（2）习练要点

习练者身体应保持适度紧张，同时灵活转动。

3.绕和环绕

（1）动作解析

习练者的腰部应做弧线或圆周运动，腰部的绕和环绕可以结合手臂动作来进行。

（2）习练要点

习练者在绕动过程中应保持清晰的动作路线，此外动作要达到圆滑、连贯这两项要求。

（三）髋部动作

1.顶髋

（1）动作解析

上体保持正直，双脚左右开立，一腿伸直支撑身体重心，另一腿膝部弯曲内扣，双手叉在腰间，用力顶髋。向前、后、左、右四个方向都可以做顶髋动作，向前顶髋为前顶，向后顶髋为后顶，向左顶髋为左顶，向右顶髋为右顶。

（2）习练要点

顶髋时要有力度和鲜明的节奏。

2.提髋

（1）动作解析

准备动作与顶髋相同，将髋部向上方提。习练者可以向左上方提，也可以向右上方提。

（2）习练要点

腿部在髋部的带动下也要向上移动，髋部动作和腿部动作应协调一致。

3.绕和环绕

（1）动作解析

沿弧线轨迹或圆周轨迹转动髋。绕和绕环动作可以向左、右两个方向进行。

（2）习练要点

习练者要保证髋部的转动轨迹圆滑。

五、下肢动作训练

（一）立

1.直立、开立

（1）动作解析

习练者身体保持直立，然后分开双腿，保持开立姿势。

（2）习练要点

直立时，身体保持正直，抬头挺胸；开立时，双脚打开的距离大约与肩同宽。

2.点立

（1）动作解析

习练者身体先保持直立，然后伸出一条腿做点立，也可以提起双腿做提踵立。前点立、后点立、侧点立、提踵立是点立的几种动作变化形式。

（2）习练要点

伸腿点立时，伸出的腿要充分舒展。

（二）弓步

1.动作解析

习练者身体保持直立，一条腿大步迈出，并完成屈的动作。弓步动作可以向前、后、侧等不同的方向做，分别为前弓步、后弓步和侧弓步，这些是弓步动作的常见变化形式。

2.习练要点

习练者要保证步子迈出的距离恰当，过小或者过大都不可以。

（三）踢

1.动作解析

两腿交换做踢腿动作，向前、后、侧方向都可以进行踢腿。具体来说，向前踢腿为前踢，向侧踢腿为侧踢，向后踢腿为后踢。

2.习练要点

习练者完成踢腿动作时要干净、利落。

（四）弹

1.动作解析

两腿进行弹动动作，弹腿的常见动作变化形式有正弹腿和侧弹腿。

2.习练要点

习练者的双腿应有弹性地完成弹动动作。

（五）跳

1.动作解析

习练者完成不同姿势的腿部跳跃练习，如并腿跳、踢腿跳、开合跳等。

2.习练要点

习练者的腿部应当有力度、有弹性地跳跃。

第六章 业余运动项目训练

第一节 业余运动训练的概述

一、业余运动的定义

业余运动是相对于职业运动来说的，是不以运动为专业技能，只是因为爱好、健身等其他目的进行的运动。如今，人们越来越意识到身体健康的重要性。一方面，很多参加工作的人都有一套相对完整、固定的业余运动计划；另一方面，很多学校的学生也是参与业余运动的重要群体，很多地区已经将学生的体育运动成绩作为升学的考量标准之一。学生的业余运动训练是在普及学校体育活动的基础上，把部分运动成绩较好和有培养前途的学生，根据其特长划分到不同的运动队。在教练的指导下，利用课余时间进行训练，其目的是进一步增强他们的体质，提高运动技术水平，并为上级训练单位或学校输送体育人才。为此，抓好业余体育训练的管理工作，对促进业余体育训练的制度化、规范化、科学化，提高训练效益，有着十分重要的意义。

二、学校业余运动训练与一般运动训练的共同点

（一）训练内容具有专门性

学校运动训练与体育教学相比，其在内容、手段与方法上都具有专业性，都是根据专项运动的需要而选用的，这是由于运动训练的主要任务是提高专项运动技术水平和创造优异的专项运动成绩。但是，不能把训练内容的专业性片面地理解为只进行某项运动技术的练习，而是要与一般训练互相配合，共同完成提高专

项运动水平的任务。

（二）不断提高运动员承担生理负荷的能力

运动竞赛竞争性强，体力消耗大，运动员必须发挥自身的最大能力，才有可能取得比赛的胜利，这就需要在日常训练中不断提高运动员承受生理负荷的能力。如果运动员不能适应大负荷训练，是不可能创造优异的运动成绩的。因此，不断提高运动员承受生理负荷的能力，直至达到最大的生理负荷能力，是运动训练的一个显著特点。当然，生理负荷的提高，既要考虑运动项目的需要，又要根据学生的身体素质、技术水平等具体情况合理安排，特别是在增加少年儿童的训练负荷时，负荷变化的幅度和速度，应遵循循序渐进的原则。

（三）根据运动员个人的特点进行运动训练

运动训练，一般指个人训练的过程，许多运动项目都是以个人为单位的项目，并以个人成绩决定胜负或名次。即使是集体性项目，由于运动员在全队中所处位置和担负任务的不同，也需要一定的个别训练。因此，在运动训练过程中，教练员应充分了解运动员的个人特点、优势和劣势，针对个人特点采取适当的方法进行训练，扬长补短，从而达到提高运动技术水平的目的。教练员为少年儿童运动员布置训练内容时，应充分考虑他们的年龄特征和生长发育情况。

（四）训练和竞赛相结合

训练和竞赛是竞技体育的两个重要方面，它们是紧密联系、不可分割的。运动训练的主要任务是提高运动成绩，而运动员的运动成绩只有通过正式比赛才能表现出来，才能被人们认可。同时，由于竞赛对运动员的身体、技术、战术和意志品质要求很高，因此教练员常以运动竞赛作为训练的一种手段，用以提高运动员的运动技术水平和适应正式比赛的能力。

三、学校业余运动训练的特点

学校业余运动训练作为运动训练的一个环节，与一般运动训练具有相同的特点。但由于训练对象和主要任务的不同，学校业余运动训练又具有自己固有的特点。研究并掌握这些特点，对于正确地安排学校业余运动训练，提高训练工作的效果均有良好的作用。

（一）业余性

学生在校期间，必须完成学校的教学计划所规定的各门学科的学习任务，业余运动训练是以自愿为原则的，是利用课余和节假日时间在课外进行活动。因此，业余运动训练必然会对学习、休息及其他活动带来一定的影响，要调整这些关系，首先，要以我国的教育方针为指导思想，将学校作为培养各种人才的场所。其次，要统一安排好文化课学习和运动训练的时间。每周训练的次数和每次训练的时间都应固定下来，中、小学生每周训练2～3次，每次1～1.5小时为宜。要避免训练任务过多、过重，影响学生对文化课的学习，还要进行必要的休息。最后，认真做好学生的思想教育和生活管理工作。对因训练、比赛影响了学习的学生，要及时给予辅导和帮助。同时，教师应适当组织开展一些文化娱乐活动，使学生的身心得到全面的发展。

（二）基础性

学校业余运动训练主要是进行基础训练，这是由学生的年龄特征、学校运动训练的业余性质和我国运动训练的体制所决定的。由于少年运动员身心发育尚不成熟，机体能力和知识经验等方面都与成人有一定的差距，因此，不宜过早地要求他们达到成年运动员的水平，而应重视基础训练，为今后攀登世界体育高峰做准备。实践证明，基础训练不仅有利于少年运动员不断提高运动技术水平，早日成才，而且还能延长运动员的运动寿命。基础训练既要全面，又要突出重点，应包括身体、技术、战术、思想、心理和智力等方面的训练。同时，也要注意培养运动员参加运动训练的兴趣和信心，重点把握好运动员的身体训练和基本技术训练。

四、业余运动训练中的运动损伤

（一）运动损伤的内容和类型

运动损伤主要是指锻炼者在参与运动的过程中发生的身体组织损伤。运动损伤与工作受伤有着明显的不同，与运动项目和运动环境有着直接的关系。换言之，很多工伤的产生都是由于意外引起的，不能依靠人力来控制，但运动损伤可以通过优化运动环境、进行科学指导等方法来避免。运动损伤分为很多种，如急性损伤、机械性损伤、软组织损伤、骨骼损伤、神经损伤等，这些运动损伤都会给锻炼者的身体带来很大的影响。因此，必须重视运动损伤，并在训练中努力避免这些损伤。

（二）业余运动训练中运动损伤的治疗

1. 运动损伤的治疗流程

运动损伤的治疗流程主要分为两个阶段，即损伤治疗和康复治疗。在运动员刚发生运动损伤的时候，一定要第一时间接受治疗。在治疗的过程中，应该适当降低运动量，避免运动损伤出现恶化。当使用相应治疗方法初步控制运动损伤以后，应进入康复治疗阶段。康复治疗阶段的主要目的是利用适当强度的训练，帮助运动员恢复运动能力。因此，康复治疗的进度不应该过快，而应该紧密地结合运动员的身体情况，合理地安排训练。在进行康复训练的过程中，应采用循序渐进的方法进行恢复，不要一次完成太多剧烈运动。同时，还要加强训练中的保护，定期进行身体检查，从而尽快恢复身体的运动能力。

2. 急性运动损伤的治疗

在运动损伤发生以后，一定要马上进行治疗。一般来说，大部分运动损伤发生以后，很快就会产生出血情况，并且会在半分钟左右形成血肿，而急性治疗的目的是遏制运动损伤的恶化，从而给后续的治疗和处理提供相应的条件。运动损伤急性治疗中，处理出血的方法是ICE治疗法。近年来，ICE治疗法得到了拓展，变成了PRICE疗法，即保护、休息、冰敷、加压、抬高。但需要注意的是，如果运动损伤的部位是头部、颈部和脊柱，那么就不要轻易使用这种方法进行急性治疗，而应该等待专业医疗人员前来处理，避免随意操作导致病情恶化。

五、业余体育训练监控的缺失

近年来，一些体育研究人员对训练监控进行了理论和实践方面的探索，但这些探索涉及的都是国家及地方的专业运动员，而很少涉及业余运动员。业余体校肩负着培养和输送优秀体育后备人才的使命。因此，在业余体育训练中，开展训练监控对提高体育后备人才的培养质量有着极其重要的意义。在业余体校里，有90%的教练员认为，进行训练监控有助于取得良好的训练效果。但实际情况是，仅有35%的教练员采用了监控手段，而且监控的基本内容是心率、疲劳程度等一些物理指标。个别体校在备战大型运动会时，会进行一些生理和生化指标方面的监控，但由于设备和人员方面的原因，训练监控的效果并不理想，有的体校虽然配备了一些设备和医务人员，但只是为运动员提供运动损伤的治疗和康复服务。由此可见，业余体育训练监控仍处于原始阶段，教练员需要凭借经验对运动员进行训练，如果经常让学生超负荷做训练，容易发生“揠苗助长”的现象，使学生身心受到伤害。

第二节　业余运动训练的管理模式

一、运动训练管理的概念

运动训练是通过对从事竞技体育的运动员在生物学、社会学、心理学等方面进行改造，以适应高水平竞技需要的一种过程。因此，运动训练管理也就是对这种改造活动的管理。这种管理过程要求教练员必须依据运动训练本身的客观规律，掌握组织运动训练的有效手段，并通过对运动训练过程的有效控制，达到不断提高效率、使运动员创造优异成绩的目的，从而适应现代竞技体育发展的需求。因此，运动训练管理是指管理者在遵循运动训练客观规律的基础上，运用有效的手段和方法，为不断提高功效，实现训练工作目标，而对运动训练进行计划、组织、控制、协调的综合活动过程。

二、业余运动训练的管理模式

（一）经验型管理模式

经验型管理模式是指以管理者个体或群体的经验作为管理行为的依据。这种类型的管理充分相信经验的价值，重视个人智慧和才能的发挥，因而对管理者的知识、经验和能力要求比较高。在知识方面，不仅要求管理者具有丰富全面的体育科学知识，而且对其在人文社会科学知识方面也有较高的要求；在经验方面，管理者的经验应随着工作年限的增长而增长，工作绩效也随之提高；在能力方面，管理者尤其要注重预见能力、应变能力、迅速判断和决策能力的提高。这种管理模式的优劣是显而易见的，它最适用于基层业余体育的管理。

（二）行政型管理模式

行政型管理模式是指业余体育的管理以行政职能为中心，以行政法规为依据，按行政系统管理业余体育运动。行政型管理模式强调管理要以上级的法令、指示、决议、文件为依据，要求业余体育管理有明确的行政层次与分工，有明确的职责与权限。行政手段是主要的管理手段。行政型管理模式的优点是有章可循、有法可依、责权分明，具有强制性和权威性；它的缺点是易忽视个体差异和实际状况，管理上条块分割。

（三）科学型管理模式

科学型管理模式是指以现代科学成果为手段的管理，管理手段包括体育实验、体育调查、体育测量、体育统计、体育评估与诊断等。特别是从20世纪60年代起，系统科学所提供的系统分析的思想原则、方法、手段为体育管理提供了新思路。科学型管理模式的优点是定量、定性较明确，具体且操作性强。它的不足有三个方面：第一，科学型管理模式不能对方针、政策的制定进行研究，因为方针、政策是已确定的大方向，属于政治因素；第二，科学型管理模式注重逻辑因素，强调理性和因果关系，而在业余体育管理中有大量的非逻辑因素，如经验、情感、意志、灵感、直觉、创造性、机会等，这些至少在目前是无法按照科学型管理模式进行定量描述的；第三，业余体育管理的主体和客体主要是人，而人的行为在目前很难进行定量研究。通过对上述三种管理模式的分析可以得出，业余体育的管理模式基本不存在彻底“变革”的问题。因为这几种模式几乎同时存在，只是侧重点不同，但是加强管理却是迫切需要的。因此，加强管理就是要在因时、因地、因人的基础上进行综合管理，使经验型、行政型、科学型三种类型的管理模式相辅相成，有机地结合，充分重视经验管理的作用，合理强化行政管理的功能，适度地、不断地增加科学管理的成分，致力于提高管理的有效性。

第三节　业余运动训练管理的现状与对策

一、学校业余运动训练管理的现状

（一）硬件设施不足

业余运动的训练场地基本是在学校的操场和社区的广场上，而良好的体育基础设施是进行业余运动的基本前提，也是业余训练能够取得良好效果的重要保证。目前，国内绝大多数体育运动器材的质量一般、种类不全，不能满足业余运动训练的要求，致使相当多的业余训练计划和教程不能实施，在一定程度上影响了相关人员进行锻炼的积极性，导致进行业余运动训练的人员越来越少。

（二）学生业余运动训练与文化课程安排的冲突

在教育界，一直都存在重视文化知识学习而轻视体育运动锻炼的误区。学校的课程安排也是文化课程安排较多，而一周供学生进行体育锻炼的时间只有一到两节课，有时候由于天气或者其他原因，体育课还会被取消。加之学生的学习负担重，能够进行锻炼的时间更少。很多学生在文化学习和业余运动的时间发生冲突时，会选择进行文化学习。有些辅导教师在自身缺乏体育兴趣的情况下，对体育运动持反对态度，不支持学生过多地将时间花费在体育运动上，导致学生不得不放弃参加业余运动训练。

（三）思想观念上没有足够的认识

思想观念上没有足够的认识不光体现在家长和学校教育方面，还主要体现在参加业余运动训练的学生身上。在训练的过程中，某些学生态度懒散，经常缺席正常的训练课程。分析其中的原因，有以下几点：首先，业余运动训练还没有得到社会大众的普遍认可，还没有在公众心中树立自己的形象；其次，教师教学的过程中，只注重对学生进行身体上的训练，而没有在思想教育上让学生改变对体育锻炼的看法；最后，业余运动训练没有设置相关的约束章程和制度，任由学生无故缺席，学生训练意识薄弱和态度不端正造成训练效果不理想。

（四）训练方式不合理

训练方式不合理主要与教练员有关。教练员是训练的策划者和执行者，是教学效果好坏的关键因素，在教学的强度、教学方式等方面影响着学生的成长。很多业余训练机构及学校的教练员综合素质不过关，对相关的训练理论和方法掌握不够透彻，导致很多训练没有效果，学生怨声载道。另外，教练员在教学中，通常只注重结果而忽视过程，只注重比赛的名次，在思想上急功近利，没有建立完整合理的训练体系，还有一些教练员不是专业人士，结果导致很多参加业余训练的学生中途退出。

二、业余运动训练管理体制的内涵与现状

（一）业余运动训练管理体制的内涵

体育管理体制是体育管理的机构设置、权限划分、运行机制等方面的体系和制度的总称，是实现体育总目标的组织保证。由此可见，一个国家的体育管理体制是实现体育总目标的基础，没有合理的体育管理体制，就无法进行正确而有效的管理，也就无法保证体育总目标的实现。

（二）业余运动训练管理体制的现状

现阶段，我国的业余运动训练仍然基本沿用“举国体制”。这种体制具有较大的内向性和封闭性，缺乏横向竞争，缺少整个社会的配合，社会整体功能尚未得到发挥。业余体校和体育中学的办学模式单一，缺乏政策上的引导和鼓励。部分学校还停留在20世纪80年代的办学模式上，模式的落后、目标的不统一，直接影响了业余运动训练的效果和发展。由业余体校、体育中学、体育传统项目学校和青少年体育俱乐部等组成的业余运动训练网络虽然层层衔接，但结构并不严谨，约束力较差，多元管理体制不健全。社会对业余运动训练的投入在一定程度上仍然处于一种松散且自由的发展状态，纵横关系不协调，条块之间缺乏有机的联系和必要的沟通，业余运动训练因没有正确的政策和法规引导，使业余运动训练社会化进程发展缓慢。

1. 业余运动训练管理体制不够完善

随着社会主义市场经济体制的建立和经济的发展及学校体育条件的改善，原有的业余运动训练体制越来越缺乏活力，这种传统的模式已经不适应培养既有高水平运动技术又有较高文化素质，能适应社会发展需要的新型体育人才，我国现行的业余运动训练体制急需改革。

2. 经费投入方面存在不足与不平衡

近年来，各省、市体育局和地方政府对业余运动训练经费的投入逐年加大，

但是受地区经济差异和政府重视程度的影响，各个地区业余运动训练的经费投入差异较大。经调查发现，虽然业余运动训练经费投入总体上逐年加大，各地区业余运动训练经费也有所增加，但在欠发达地区，业余运动训练经费投入还在10万元以下。

三、高校业余运动训练管理政策

（一）名牌小学、中学、高校连贯制升学政策

参加业余运动训练的学生在运动成绩和学习成绩达到相应的要求后，可根据联合办学学校的规定，作为有特长的学生被招收到高校就读。这种方式解决了学生和家长的后顾之忧，增强了学生的社会价值观念，使学生自觉加强文化学习，提高道德水平，从而给运动成绩好的学生提供了继续深造的机会，使高校特招的高水平学生运动员的质量得到保证。通过行政手段选取本地区一流的中小学和高校组成联合学校，是该体制得以实现的条件。在此基础上，所有相关学校的教练员组成教练组，制订训练计划与训练要求，并明确各自的责任。由相关部门制定学生文化学习、德育水平应达到的标准，工作做得成熟的地区之间还可以组成横向联合，即联合若干个同一水平的学校，使学生有更广泛的选择机会。

（二）一视同仁的培养政策

尽管接受体育培训的学生有特长，但本质上还是学生，学生的一切行为都不能跨过道德底线，在文化课的学习上也必须达到基本要求，这是政策的核心内容。

四、高校业余运动训练管理制度

（一）文化学习管理制度

第一，将所有参加业余运动训练的学生平均分配到各年级的各班中，实现与学生群体的融合；第二，因比赛、赛前训练缺的课程，学校应统一安排时间、地点，由该科任课教师为学生补习；第三，所有参加业余运动训练的学生必须有75%的主课成绩不低于该年级该科目的平均成绩，连续两次达不到标准则停止训练，补习文化课，停训后补习成绩仍达不到标准的则退出训练，直至成绩合格后方可恢复训练；第四，遇到比赛期间和赛前集训的特殊情况时，必须在学校的统一安排下，利用副课的教学时间进行集中训练及参加比赛。

（二）运动训练考核制度

第一，训练时间由学校统一安排。除请假并获准外，任何学生不得无故缺席。一个训练阶段内无故缺席超过训练时间10%的学生应停训检查，检查合格后恢复

训练，连续两次缺席则令其离队。第二，教练与学生应共同制订训练计划，并保证实施。第三，训练计划中要包括对训练成绩的定期测评，并制定标准，对于成绩差的学生，根据项目类型做出相应处理。

（三）思想品德统一要求制度

对参加业余运动训练的学生按照和其他学生一样的标准进行思想品德评定工作，评定不合格的学生令其离队，合格并且文化课成绩达到规定要求的学生，应批准其恢复训练。思想品德教育是与文化知识教育紧密结合在一起的，因此，一视同仁是加强学生运动员思想品德教育的关键。以上三条制度虽然看似完美地实现了对学生运动员的管理，但运动员的教育是一项复杂的系统工程，他们的学习、思想和运动训练受到多种因素的影响。因此，针对学生在各方面的表现和成绩，还应建立相应的评价和奖惩机制。根据不同项目及学校的实际情况，每支运动队必须制订出符合自己实际情况的计划，将学生的文化道德教育摆在重要的位置上。承担教育重任的学校应通力协作，关心这个群体的成长，加强对学生成长过程的了解与沟通，也有助于各个学校选拔优秀的学生运动员进入自己的学校学习。如果业余运动训练既能做到横向联合又能做到纵向联合，那么将大大提升业余运动训练的质量，为高校组建思想素质过硬、运动技能出众的高水平运动队打下良好的基础。

参考文献

[1] 诸群标.学校体育运动促进学生心理健康发展的策略研究［J］.青少年体育，2018（9）：62-63.

[2] 毛振明，杨多多.《“健康中国2030”规划纲要》与学校体育改革施策（一）——目标：青少年熟练掌握一项以上体育运动技能［J］.武汉体育学院学报，2018，52（2）：5-10.

[3] 李辉.健康教育视阈下学校体育实现健康促进目标的路径探析［J］.青少年体育，2017（7）：109-110.

[4] 刘富顺.浙江省高校大学生终身体育价值观及运动技能训练现状的调查与分析研究［J］.安徽体育科技，2015，36（5）：71-74.

[5] 卢吉.论心理健康教育与体育课程改革的互动［J］.南京体育学院学报（自然科学版），2011，10（5）：104-106.

[6] 荣敦国，吴瑛.运动智力因素对专项运动技能训练活动的影响——以我国四个优势竞技项目为例［J］.成都体育学院学报，2010，36（4）：48-53.

[7] 李杰凯，兰彤，甘荔桔，张樯，等.广义进化视角下的运动技能教学原理与建立运动项目分群教学论的构想［J］.上海体育学院学报，2010，34（2）：69-74.

[8] 刘宝登.体育教育专业学生足球运动技能学习评价指标体系构建［D］.大连：辽宁师范大学，2023.

[9] 张皓，于易.新发展理念下高校体育社团的创新路径研究［J］.长沙航空职业技术学院学报，2022，22（3）：83-87.

[10] 朱玉刚.体育核心素养培育与体育社团的融合分析［J］.当代体育科技，2022，12（20）：186-188.

[11] 刘晓蕾.体育教学训练中常见的运动损伤及其预防、康复方法研究［J］.

体育视野，2023（17）：110-112.

[12] 陈思俭.功能性训练对标准舞专项选手非特异性下腰痛康复效果研究［D］.武汉：武汉体育学院，2023.